AF455516

WICKEVOORT
Ian Lamsveld Fecit.

LETTRES
DE M. J. DE
WICQUEFORT,

Chevalier de l'Ordre de St. Michel, Conseiller de Madame la Landgrave de Hesse, son Résident aupres de Messieurs les Estats des Provinces Unies, &c.

AVEC LES REPONSES
DE
M. G. BARLÉE.

SECONDE EDITION.

Nouvellement Revuë & augmentée.

A UTRECHT,
Chez JAQUES BROEDELET.
M. DCC. XII.

A MONSIEUR
HADRIEN RÉLAND,

Professeur en Langues Orientales dans l'Université d'Utrecht.

MONSIEUR,

L'Empressement que l'on fait paroitre pour les lettres des sçavans & particulierement de ceux qui ont part aux affaires publiques, m'a fait prendre la résolution d'imprimer de nouveau les lettres de M. M. Wicquefort & Barlée, dont les écrits sont recherchez & admi-

rez

rez de tous ceux qui ont quelque goût pour les ſciences. J'eſpere que cette nouvelle édition ſera pour le moins auſſi bien receuë que la précedente, n'aiant rien négligé pour la rendre plus correcte & plus parfaite. Mais, Monſieur, ce qui releve le plus mon eſpérance eſt vôtre nom qui eſt à la téte de ce livre: nom déja ſi illuſtre par les excellens ouvrages que vous avez mis au jour, & par ceux dont vous continuez d'enrichir la République des lettres, qui tous vous atirent l'admiration des ſçavans, & leur font ſouhaiter de nouvelles productions de vos ſça-

ſçavantes veilles. J'eſpere, Monſieur, que vous aurez la bonté d'excuſer la liberté, que je prens de vous dédier ce petit livre, Je ſçai que le ſujet qu'il traite a peu de raport à celui qui vous occupe ſi avantageuſement pour le public & qui fait tant d'honneur à notre Académie: Cependant comme c'eſt le premier ouvrage que j'imprime, j'ai cru que vous ne desaprouveriez pas, que je fiſſe paroitre en cette occaſion le vif reſſentiment que j'ai pour toutes les graces que vous avez bien voulu faire à mon Pére & à toute nôtre Famille. Heureux ſi je pouvois vous donner des

des preuves du profond respect & de la parfaite reconnoissance avec les quels je suis

MONSIEUR,

Votre tres humble & tres obeissant Serviteur.

JAQUES BROEDELET.

LETTRE
DE MONSIEUR
GASPAR BARLÉE
A
M. CONSTANTIN HUIGENS:

Laquelle rend témoignage du Sieur VICQUEFORT.

Vous ſouhaitez de ſçavoir, tres-noble HUIGENS, qui eſt celui qui vous préſente ces Lettres; je ne puis pas encore vous le dire. Le lieu où il eſt né? Celui où nous mourons tous. Sous qui il a eſté élevé? ſous Apollon, les Muſes, & les Graces. Quel lait il a ſuccé? celui de la vérité, de la douceur, & de la politeſſe. En quel Collége il a eſtudié? en celui d'un bon eſprit. En quel ſiécle? en celui où l'ignognorance, l'ambition, & l'avarice régnoient dans le monde. En quelle Epoque? L'an du commencement de la folie, qui ne se peut marquer. Où il demeure? dans un lieu, où l'on adore, non Nitzliputzli le Dieu des Méxicains, mais l'argent. Sur quelle riviere? sur une, où les délicats en mangeant des anguilles, mangent leurs propres excrémens. A quelle enseigne? de la Charruë, mais à la quelle aucun Taureau n'est attaché. Vous voulez aussi sçavoir ce qu'il fait? il favorise les gens de bien. Ce qu'il ne fait pas? il ne parle mal de personne. Ce qu'il est? mon Legat à Latere. Ce qu'il n'est pas? Pere. Ce qu'il aime? la vertu. Ce qu'il n'aime pas? la Cour. Ce qu'il sçait? estre content de sa condition. Ce qu'il ne sçait pas? tromper. Ce qu'il desire? de faire du bien à plusieurs. Ce qu'il craint? d'offenser ses amis. Quand il s'afflige? lors que les méchans se réjouïssent. Quand il a de la joie? lorsque les gens de bien ne se plaignent pas. Combien de langues il sçait? une, celle de la simplicité & sincerité. Celle qu'il hait? la flateuse & la médisante. Quelles

les ſont ſes délices? celles des Romains & des Grecs. Ce qu'il y aime enfin? les choſes les plus anciennes. Quel il eſt dans le Barreau? peu crédule. Dans l'Egliſe? comme il doit. Dans les Feſtins? trés honneſte. A la Cour? craignant pour l'avenir. En ſon lit? je ne ſçai. Vous voulez encore que je vous diſe quel trafic il fait? celui de gâgner les gens de bien. Ce qu'il compte? vos vertus. Ce qu'il péſe? les bienfaits qu'il a receus. Sur quel pied il règle ſa deſpenſe? ſelon ſon bien. Quelle Phiſionomie il a? un air beau & ouvert. Quels ſourcils? il n'en a point. Quels yeux? de fort bons. Quel eſt ſon cœur? franc & ſincere. Sa démarche? fort modeſte. Comment il eſt habillé? à la maniere de Grecs, marchant avec des bottes. Voulez-vous maintenant ſçavoir qui il eſt? je vais vous le dire, c'eſt Vicquefort voſtre intime ami & le mien. Adieu, aimez-nous toûjours. Le 25. Decembre 1635.

LETTRE I.

Pour Amſterdam.

Au Tres-Illuſtre Gaſpar Barlée Docteur en Medecine, & Profeſſeur.

VOus me remerciez, Monſieur, de ce que je vous ai procuré la lecture de la Balance de M. du Puy : & moi je tiens que vous m'avez ſenſiblement obligé, en vous y appliquant ſi bien pendant quelques momens, puis que ſans cela j'aurois eſté privé de vôtre belle lettre & de voſtre avis, le plus juſte qu'il ſe puiſſe ſur ce ſujet. Je crains fort que les paroles du bon M. du Puy ne lui attirent quelque choſe de faſcheux de la part des Eſpagnols: Car on dit, qu'il a eſté cité il y a long-tems a Bruſſelles, que ſon traité de la Balance a eſté défendu en Brabant, & qu'on en faiſoit des perquiſitions. Le déſir de la paix, que l'ennui de la guerre, & ſon déſeſpoir du reſtabliſſement des affaires, lui avoient inſpiré, de meſme qu'aux autres Flamands, a porté ce ſçavant homme à mettre au jour cet écrit, qui à la vérité, comme vous le dites auſſi, eſt plein d'érudition

&

& d'eſprit, mais qui, eſtant contraire aux Eſpagnols, pourroit bien eſtre fatal à ſon auteur; Car dans tout ce traité il ne fait autre choſe que prouver clairement & l'extreme foibleſſe de ſon Prince, & la grandeur de nos forces; enſuite dequoi il demeure d'accord, que la paix nous ſeroit à la vérité avantageuſe, mais qu'elle ſeroit néceſſaire à nos ennemis. Dieu veuille que les choſes aillent bien pour tous. Adieu, Mon cher ami, aimez-moy toûjours, & me croyez

Voſtre tres-affectionné ſerviteur
JOACHIM VICQUEFORT

Le 20. Juin. 1633.

LETTRE II.

De M. J. Vicquefort a M. G. Barlée.

MONSIEUR Pour Leide.

J'eſtois ſur le point de partir pour la Haie avec ma femme, lorſque j'ai receu voſtre lettre. Cela m'a fait remettre mon départ à Samedi prochain, en ſorte néanmoins que j'eſpere vous voir à Leide en paſſant, pour déliberer avec vous ſur ce qu'il y aura à faire. Comme j'ai quelques affaires à terminer à la

Haie, je ne ſçai point encore ſi je pourrai ſatisfaire aux prieres obligeantes de M. d'Overbeek, à votre déſir, & à ce que je ſouhaiterois auſſi moi-meſme. Ma femme ne croit pas que jouiſſans du droit de retour nous puiſſions honneſtement nous trouver à des Nôces ; mais, je vous prië, que cela ſoit dit entre vous & moi. Je ne défererai pas néanmoins à ſon ſentiment que je n'aye ſceu auparavant le voſtre ; car je vous prië de croire que cette affaire dépend principalement de voſtre prudence & de voſtre avis. Adieu, Mon cher Ami, nous vous baiſons tous les mains, & à Madame voſtre Epouſe. A Amſterdam le 21. Juillet 1633.

JOACH. VICQUEFORT.

Saluez de ma part, ſi cela ne vous fait point de peine, M. Overbeck avec ſa chere Epouſe, M. Kinderlinge, l'Illuſtre Cunée principalement, & tous nos autres amis.

LETTRE III.

De M. J. Vicquefort a M. G. Barlée.

MONSIEUR, Pour Leide.

Pour vous montrer que je ſuis ſans

ſans façon & ſans cérémonië ; j'ai enfin réſolu d'aller demain droit à Alphen, apres avoir changé de ſentiment, & paſſé par deſſus tous les ſcrupules de cérémoniës que ma femme alléguoit. Je vous le fais ſçavoir afin que vous ne nous attendiez pas à faux à Leide. Si cependant vous avez quelques avis à nous donner, nous les ſuivrons préférablement. Adieu, Monſieur, Saluez de noſtre part Madame voſtre Epouſe & tous nos amis de vos quartiers. Ecrit à la haſte, à Amſterdam le 22. de Juillet 1633.

Voſtre . . . .

JOACH. VICQUEFORT.

LETTRE I.

De M. G. Barlée a M. J. Vicquefort.

MONSIEUR

Depuis que vous nous avez quittés tout eſt froid ici, l'air, les Eſtudes, & les Amis. A la rigueur de l'air j'oppoſe un bon feu. La pareſſe que l'hiver cauſe pour l'Eſtude, je la guéris par des digreſſions Poëtiques, que je compte moins pour un eſtude que pour un paſſetems. Le froid de l'Amitié vient de voſtre abſence, puiſque vous eſtes ordinairement le lien de pluſieurs amis en ces quartiers, mais pour parer à cet inconvenient, il eſt néceſſaire d'avoir recours aux Lettres, par le moyen deſquelles l'on vous parle, quoi que vous ſoyez abſent. Vous eſtes maintenant a la Haie qui eſt le Centre des nouvelles. Vous vous y promenez, vous y diſnez, vous y ſoupez avec les perſonnes de Cour. Ce ſeroit merveille ſi dans un eſtat ſi heureux vous aviez le loiſir de vous ſouvenir de moi. Pour moi je hais le brillant de la Cour, quand ce ne ſeroit que parce qu'il me ravit le plaiſir de voſtre agreable converſation. J'eſpere que vous reviendrez dans peu, afin de nous faire part des impénétrables ſecrets des Puiſſances. Vous eſtes maintenant plus proche des Dieux, en ſorte que ſi vous vous ſouciez des affaires publiques, vous pouvez ſçavoir ce que le Roy a dit dans l'oreille à la Reine, & l'entretien de Junon avec Jupiter. J'apprendrai de vous quel ſecours nous devons attendre de la France & des Venitiens dans les guerres que nous avons. Il ne s'eſt rien paſſé de nouveau ici depuis la plaiſante avanture qui eſt

eſt arrivée aux Marchands que vous ſçavez. Ceux qui commandent font de nouveaux dénombremens de Magiſtrats d'une année à l'autre. Ceux qui obéiſſent retiennent l'ancien dénombrement. Quelques-uns s'enrichiſſent, d'autres ſe ruinent, d'autres enfin à l'exemple de Bias s'en vont à Viane, & dans leur pauvreté, s'imaginent eſtre Rois de Cappadoce. Vous apprendrez chez vous, de ceux de voſtre Famille, l'hiſtoire du Preſtre Plancus: car je n'aime point à faire paroiſtre ſur le Théatre ces Docteurs à Capuchon, outre que ce n'eſt pas ma couſtume de décrier perſonne, que je n'aye ſceu auparavant s'il eſt coupable. Adieu. Monſieur. Voſtre . . .

Le 4. Frevier 1634.

GASPAR BARLEE.

LETTRE IV.

De M. J. Vicquefort a M. G. Barlee.

JE n'ai pu, Monſieur, vous eſcrire plûtoſt pour vous marquer mes reſpects, & mes autres devoirs. Comme j'y ai ſatisfait en partie, je ne puis me diſpenſer de m'acquitter de ce que

E :: D

j'ai promis à mon bon ami Monsieur Barlée. Vous sçaurez donc que tout se dispose ici à la guerre, & que les préparatifs ne s'y sont jamais faits avec plus de diligence. On envoie aujourd'hui l'artillerie à Dordrecht. Le Prince a ordonné à tous les Officiers de guerre, & sur tout aux François & aux Anglois de se rendre à leurs Garnisons. La plusspart des troupes de Frise marchent du costé d'Arnhem, & un grand nombre d'autres vers la Meuse. Cela fait croire à plusieurs que Pinsius doit former l'Armée en ces quartiers-la pour prévenir les ennemis, & faire échouer leurs desseins: car on croit que les troupes qui estoient dans le Luxemborg, & qu'on nous mande estre en marche sont plûtost destinées à une entreprise dont le Marquis d'Aytone semble nous menacer, qu'à faire une irruption dans la Westphalie. Pour ce qui est des levées de l'Electeur Palatin de Neubourg, on en craint ici toutes sortes de malheurs. Les Estats, pour éviter le danger, ont député Mrs. Arnhemius & Ripperda à Dusseldorp, avec ordre de demander au Duc de Neubourg qu'il congedie au plûtost ses troupes, qu'auqu'autrement & en cas qu'il contrevienne à la neutralité, sa témérité ne demeurera pas impuniё. L'Ambassadeur de Suéde a esté aujourd'hui admis à l'audience de Messieurs les Estats. Il a fait sa harangue en Latin, mais je ne l'ai point entenduё. On écrit de Brusselles que le Prince de Barbançon, & M. de Grammont Bourguignon de nation se sont battus en duel contre Messieurs Manriques & Borgia Espagnols. Le premier & le dernier ont esté, à ce qu'on dit, dangereusement blessés, & le second tué. On fait venir leur querelle d'un affront receu à la vente publique des meubles de l'Infante Isabelle. La veuve d'Ignace Borgia voulant acheter quelques vases de porcelaine que Barbançon vouloit aussi avoir, enchérit de beaucoup sur luy. Barbançon en estant piqué luy dit qu'elle agissoit en cela comme si elle estoit ivre. Cette femme en fut si transportéё de colere, qu'elle pria Pierre Manriques Capitaine de Cavalerie de vouloir venger son honneur, avec le jeune Borgia son fils unique qu'elle luy donna pour second. Manriques s'estant sur l'heure engagé à le faire, appella

Bar-

Barbançon. Celui-ci aussi-tost ayant pris Grammont avec lui se rendit sur le champ, où peu de tems apres en estre venu aux mains il fut blessé à la teste. Le sang qui couloit en abondance de sa plaie lui couvrant tout le visage, le mit en danger d'estre tué par l'Espagnol; mais son valet qui estoit prés de luy, le secourut & perça l'autre; Borgia fut aussi sur ces entrefaites blessé à mort. Les lettres de Constantinople marquent qu'on y a fait mourir quatre-vingt Polonois; qu'un des principaux Officiers a réduit en cendres Tyr, Sidon & S. Jean d'Acre, & ce qui surpasse toute inhumanité, que le Grand Seigneur lui-mesme alloit dans les auberges, & dans les Cabarets, & tuoit tous ceux qu'il y trouvoit mangeans de nostre herbe sainte. La compagnie que j'ay m'empesche de faire ma lettre plus longue. Excusez donc si elle est si mal écrite & si courte, ou plûtost si elle est si longue & si peu polie.

Vostre . . .

JOACH. VICQUEFORT.

A la Haie le 27. Fevrier 1634.

Saluez, s'il vous plaist, de ma part Madame vostre chere Epouse.

LET-

LETTRE II.

De M. G. Barlée a M. J. Vicquefort.

MONSIEUR,

Vostre lettre m'a esté renduë sur le minuit, qui est l'heure d'où les Sacrificateurs Egyptiens commencent le jour. Ne croyez pas néanmoins que je me fusse occupé à l'estude jusqu'à cette heure-là. Je n'aime pas à m'y appliquer la nuit; cela m'incommode, & ne plaist pas à ma Femme qui m'est comme un Legat à Latere. Le tresnoble Realius nous avoit donné un repas magnifique, & nous ne pusmes nous retirer que fort tard. Quoique j'eusse un peu trop bû, je ne voulus pas néanmoins m'aller coucher que je n'eusse lû vostre lettre. Elle me plut tellement que l'ayant mise sous le coussin de mon lit je dormis d'un sommeil fort doux & agréable. C'est ainsi, pour parler en termes figurés, que vous m'avez servi de Coussin. Je suis à présent séparé de ma Femme, qui m'a enfanté, non deux jumeaux comme fit Latone, mais un Fils qui vaut deux jumeaux. Je ne pense pas qu'Hercule lorſqu'il eſtoit encore dans le Berceau, & qu'il ſuffoquoit les Serpens que ſa Belle-mere envoyoit contre lui, ait eſté plus fort & plus vigoureux. Cet Enfant ſemble approuver plûtoſt la guerre que la Tréve avec la France : car il criaille fort, & fait beaucoup de bruit, ce qui eſt le propre des gens de guerre. Il cauſe de grands troubles dans noſtre Royaume. S'il eſtoit plus avancé en âge, je ne craindrois pas de l'oppoſer aux Gladiateurs Barbançon, Grammont, & les deux Borgia. J'ai oüi dire que la France & les Eſtats Generaux des Provinces-Uniës eſtoient à préſent d'accord. Cela plaiſt à quelques-uns, & déplaiſt à d'autres. Pour moi, Monſieur, dans les choſes qui regardent la foi, je me ſoumets aux decrets de l'Egliſe Univerſelle, & en ce qui touche le Gouvernement Politique, à l'Eſtat & au Prince : car je ſouhaite de paſſer tout enſemble pour bon Chreſtien & pour bon Citoyen. Adieu, Monſieur, ſaluez s'il vous plaiſt, de ma part Monſieur de Zulichem.

Voſtre . . .

G. BARLÉE.

Le 10. Mars 1634.

LET-

LETTRE V.

De M. J. Vicquefort a M. G. Barlée.

MONSIEUR,

Vostre absence m'empescha hier de vous faire part de ce que mes amis de France & d'Allemagne me marquent, non par mesure, mais en abondance. Je vais donc maintenant vous les marquer. De France, on écrit qu'on avoit envoyé au Duc d'Orléans, qui est malade de la goutte dans la ville de mesme nom, des Deputés tres honorables, sçavoir six Theologiens & deux Politiques, dont les plus apparens sont le P. Joseph, & M. Bouthillier Secretaire du Roy. C'est pour examiner la validité du mariage que son A. R. a depuis peu contracté avec la Princesse Marguerite de Lorraine, pour en proposer la rupture à ce Prince, & pour le porter par leurs raisons à y consentir. Affaire assûrément tres épineuse & tres délicate, à laquelle néanmoins ces Deputés se persuadent que le Duc donnera les mains; & au cas qu'il eust quelques scrupules là-dessus, qu'ils lui seront facilement levés par Puylau-

rent.

rent, qui autrement se verroit frustré du grand avantage qu'on lui fait espérer d'épouser la Pont-Chasteau Niêce du Cardinal de Richelieu, & d'une donation de cent mille francs, avec la qualité de Duc qu'on lui a promise. On croit aussi que c'est dans cette veuë qu'on a envoyé le Cardinal de Lion à Rome, afin d'obtenir l'approbation du Pape. Sa Sainteté a voulu qu'on fist des réjouïssances publiques pour le retour de son A. R. en France, & pour sa réconciliation avec le Roy son Frere, ayant fait allumer des feux dans la ville de Rome, & chanter le Te Deum en action de graces. Je n'estime pas que ce soit une chose de moindre consequence, que le Roi ait establi un Conseil Souverain à Nancy, & qu'il ait obligé les Sujets du Duc de Lorraine, tant Ecclesiastiques, que Laiques à lui faire serment de fidélité & d'obéissance. Car il est certain que cela causera une tres rude guerre, n'y ayant rien que la Maison d'Austriche ne mette en œuvre pour restablir un Prince qui lui est fort uni. Pour ce qui est de l'Armée Navale d'Espagne qui est sortie du Port de Messine avec le Marquis

quis de Sainte Croix, les François n'en craignent plus rien : ils ont si bien pourveu aux Costes de Provence qu'elles sont à couvert de toute insulte. Les Envoyés des Princes d'Allemagne sont partis de Paris avec toute la satisfaction possible, & apres avoir obtenu du Roi les Articles suivans. I. Que sa Majesté fournira aux Protestans douze mille hommes de pied. II. Qu'elle leur donnera tous les ans un million de livres. III. Que le Comte d'Oxenstern avec le Conseil des Confederés aura la direction des affaires. IV. Que le Duc de Veimar aura le commandement de l'Armée. V. Que le Marquis de Feuquieres Ambassadeur de sa Majesté aura entrée au Conseil. VI. Qu'on ne fera point de Paix, sans que sa Majesté tres Chrestienne y soit comprise. Le reste ne contient que d'épouvantables secrets. Ces choses marquent à la verité la grande affection que le Roi a pour les Princes & pour l'Allemagne, & aussi les genereux desseins de sa Majesté. Mais il ne faut pas que vous croyiez qu'elle entreprenne rien directement contre l'Empereur. Une preuve certaine que la protection du Roy trés Chrestien

ſtien ne s'eſtend pas au de là du Rhin, eſt que le Comte de Hanau qui eſtoit allé en France, pour en eſtre participant, ne l'a pû obtenir. Au reſte les troupes de ſa Majeſté ſont campées aux environs de Spire & de Vormes, afin que le Duc Bernard les trouve toutes preſtes pour le ſecours ci-deſſus. Ce Prince regloit ſes affaires d'une maniere qu'il ne ſera pas long-tems à partir. Il eſt auſſi arrivé à Paris des Envoyés des Cantons Suiſſes Confederés, Berne, Zurich, & Schafhouſe pour demander du ſecours contre les Catholiques. Il s'eſt répandu un bruit que les Griſons avoient quitté le parti de la France, & que le Roi avoit envoyé le Duc de Candale pour les mettre à la raiſon. Voilà ce que j'avois deſſein de vous mander, remettant à vous dire le reſte à noſtre premiere entreveüe. Cependant excuſez, ſi je vous écris avec tant de precipitation, & continuez de m'aimer toujours. Adieu Monſieur, je vous ſouhaite le bon jour & à Madame voſtre Epouſe.

J. VICQUEFORT.

Ecrit tres à la haſte le 20. Novembre 1634.

LET-

LETTRE VI.

De M. J. Vicquefort a M. G. Barlée.

MONSIEUR,

Je me réjouis & vous félicite de vostre retour dans vostre Famille. Nous sommes tous en bonne santé, & mangeons quelquefois plus tranquillement nos huistres d'Angleterre, que les Allemands ne mangent leurs Champignons & leurs limaçons. Pour ce qui est de ceux de Francfort, les ennemis leur ont tellement coupé les passages, qu'il est arrivé quatre Couriers consécutifs, sans porter de leurs lettres: mais s'il est vrai ce que disent ceux qui viennent de ces quartiers, que les Imperiaux ont surpris la ville de Hoechst située sur le Mein, entre Francfort & Mayence, & de la dépendance de l'Archevesché de cette derniere ville, je crois ceux de Francfort en tres grand danger, & Oxenstern obligé de chercher au plustost une autre place de résidence. Pour les nouvelles de France, elles sont toutes agreables. Les cerémonies de mariage des trois Nieces du Cardinal de Richelieu qui estoient fiancées au Duc de de la Valette, au Comte de Guiche, & à Puylaurent, se firent le vingt huitiesme Novembre, avec plus de pompe & d'appareil que celles du mariage d'Adam & d'Eve. Il y avoit pour chacune des Epousées une table de vingt-quatre couverts, pour le service de laquelle les Huissiers & les Maistres d'Hostel avoient receu huit mille francs. Je ne crois pas néanmoins qu'entre les mets les plus exquis on y ait veu des huistres plus fraisches que celles que nous mangeasmes il n'y a pas long-tems. Ce qu'il y a de plus plaisant, est que les maris ayant receu chacun quatre vingt mille escus d'or pour la dot de leurs femmes, on en donna encore vingt mille au Comte de Guiche pour avoir cedée à Puylaurent sa fiancée qui estoit la mieux faite. On dit que le Duc d'Orleans a consenti à la rupture de son mariage, ou selon d'autres, qu'il a remis toute cette affaire au jugement du Pape. Les François pensent tout de bon aux affaires d'Allemagne. Cependant on ne voit pas qu'ils ayent encore déterminé jusques où ils porteront leurs armes: Il y en a qui croient, qu'ils ne les porteront pas au de là du Rhin, & qu'ils ne feront que con-

conſerver, ſous le nom de Protection, les places qui ſont en deçà cette riviere. Au reſte on donne au Duc Bernard de Veimar le commandement de l'armée, & au Comte d'Oxenſtern la direction des Conſeils d'Allemagne, de laquelle néanmoins je prévois que le Roi de France deviendra peu à peu le maiſtre: le reſpect qu'on a pour le Comte d'Oxenſtern baiſſant en meſme tems que ſa fortune, au lieu que celui qu'on a pour le Roi tres Chreſtien augmente de beaucoup par la conſideration des bienfaits qu'un chacun eſpere de ſa Majeſté. Il y a des Seigneurs qu'elle a élevés il y a long-tems à la dignité de Colonel, & qui aſpirent à quelque choſe de plus conſiderable: ce qui les engagera puiſſamment à l'aimer, Adieu, Monſieur, aimez-moi auſſi toûjours.

Le 6. Decembre 1634.

J. VICQUEFORT.

Saluez, s'il vous plaiſt, Madame voſtre Epouſe, & toute voſtre Famille.

LETTRE III.

De M. G. Barlée A M. J. Vicquefort.

MONSIEUR,

C'a eſté à deſſein que j'ai laiſſé paſſer

passer quelques jours sans vous escrire. Pendant que vous estiez occupé à rendre les derniers devoirs à un tres bon Pere; pendant que vous celebriez ses funérailles, que vous faisiez inhumer son corps, & que la douleur récente vous avoit si fort consterné, que vous estiez presque inconsolable, j'ai differé de vous mander ce que j'avois resolu de representer à vostre esprit & au mien, tout ensemble, puisque l'un & l'autre ne sont qu'un en nous deux. Vous avez perdu ici bas un Pere que vous verrez quelque jour dans un estat plus heureux dans le Ciel. Comme il estoit venu ici avant vous, il en est retiré avant vous, de sorte que vous ne sçauriez pour le present vous plaindre ni de la mort, ni de l'ordre. Dégousté de la Scene de ce monde, il est allé dans des lieux où la face des choses sera toûjours la mesme & immuable: où en échange des richesses perissables & passageres, il aura esté fait participant de l'Eternité: où au lieu d'une vie fragile, il en aura receu une immortelle. Où sa reputation de bon Citoyen qu'il s'estoit acquise ici bas, sera convertie en des honneurs Divins. Celui qui

estoit

estoit autrefois le guide de vostre vie, le Maistre des mœurs, & le Docteur Domestique de la pieté parmi les siens, est decedé; mais comme vous avez receu de sa vie de tres grands avantages, sa mort vous doit aussi estre moins sensible. Elle a esté accompagnée de bonheur, en ce qu'il vous a laissé en vie avec vos Freres & vos sœurs que vous aimez tendrement; il renaist de jour en jour en vous tous, & a veu croistre les vertus dans lesquelles il a principalement excellé pendant sa vie. Vostre maladie ne fera pas maintenant revivre le mort, vostre affliction ne touchera pas celui qui est foible & sansforce; vostre Pere en un mot ne sera pas sensible à vôtredouleur, & vostre mort ne fera pas les obseques de ce bon vieillard qui vous aimoit si tendrement. Il s'est creu heureux d'avoir engendré des enfans pour soi, pour Christ & pour la vertu. Pour soi, afin de recevoir d'eux du secours & de la joie. Pour Christ, afin qu'ils fussent son patrimoine. Pour la vertu, afin qu'ils fussent en exemple aux autres. Il a vécu religieusement, chastement & sobrement, autant que la foiblesse humaine le peut permettre. Il est mort tel qu'il

avoit

avoit vécu, & en mourant a donné à ses petits fils les mesmes avis qu'il avoit autrefois donné à ses enfans, jusques-là que ses forces abbatuës lui ayant manqué tout d'un coup lorsqu'il parloit, la parole lui revint par un effort de sa grande pieté, qui parla alors dans & pour ce bon vieillard, & ne souffrit pas qu'une personne si proche du Ciel & de Dieu parlast de choses terrestres. Que la mort d'un homme qui en mourant s'entretient avec son Createur, & qui aime mieux parler de son Redempteur, que des bagatelles de ce monde qui occupent ordinairement la plufpart des hommes ; que la mort, dis-je, d'un homme qui meurt de cette sorte est douce, qu'elle est precieuse devant Dieu, & qu'elle est pleine de consolation. Il a fini l'acte de cette vie par une salutaire Catastrophe ; il a cessé d'estre éloquent en faisant une épilogue digne d'estre louéë, & a terminé son discours sur les affaires du salut par un pieux & doux, j'ai dit. A peine y a-t-il eu quelque intervalle entre ses dernieres paroles & sa mort. Comme il alloit à son Dieu & à son Pere, il ne pensoit qu'aux choses Divines. Mourir

rir ainsi, Mon cher Vicquefort, c'est mourir au Seigneur: mourir ainsi, c'est commencer une nouvelle & meilleure vië. C'est ainsi qu'en s'éloignant de nous, il est arrivé pres de celui qui l'a régeneré par sa parole. Il ne s'est point laissé emporter au faste & aux sales voluptés de ce monde; quoi que les hommes poussés d'une ambition aveugle se laissent éblouïr par ces faux brillans. Il s'est addonné entiérement à la simplicité, à la candeur, à l'amour sincere de la piété, & à des occupations honnêtes. Il a crû que les autres éxercices de cette vië étoient autant d'empêchemens pour une personne qui aspire au Ciel, & autant de retardemens pour ceux qui veulent s'avancer dans la piété. Félicitez-le plûtot de ce qu'il est mort dans cet état, & souhaitez lui de loin un bonheur dont il a ressenti en lui même les préludes, lorsqu'il étoit dans cette valléë de miseres. Ces préludes sont la tranquillité & la joie de l'esprit, la paix avec Dieu, le sentiment & le désir des biens à venir. Nous l'avons vû quelquefois assis, & écrivant: nous l'avons vû aussi se promenant; mais on pouvoit douter s'il vivoit ou s'il étoit mort ; si c'étoit un homme, ou l'ombre & l'apparence d'un homme. En effet il sembloit qu'il eût fait pacte avec la vië & avec la mort, que dans son corps desséché & défait il y auroit tout ensemble quelque chose de l'une & de l'autre. A présent, qu'il est entiérement dégagé de cette condition mortelle, il vit uniquement de cette partië par laquelle il a été si sage & si raisonnable, par laquelle il a crû, & s'est comporté tres honnêtement. Pourquoi enviez vous le repos à une personne qui est délivrée de tant de peines? Pourquoi être marri que celui qui a été sur les flots des miseres de ce monde, arrive au port, & que celui qui a achevé sa milice de Chretien reçoive son congé & remporte le prix? Pourquoi celui à qui Christ est un gain voudra-t-il acheter davantage? Quelle chose plus précieuse & plus considérable peut acheter celui de qui Dieu est lui même la récompense? Pourquoi celui à qui Dieu a donné un habit de fin lin blanc & sans tache, se chargera-t-il davantage de fin lin & de soie? Pourquoi un Marchand souhaitera-t-il de devoir à celui à qui on a remis dans le Ciel

une

une plus grande dette ? Pourquoi celui qui n'espere plus aucun bien voudra-t-il être créancier? Quel besoin a-t-on d'aller dans les lieux fréquentés par les Marchands & par les acheteurs, quand on a été reçû dans la compagnië des bienhûreux, où l'on ne vend ni n'achete, & où ce que l'on a n'étoit point dû, mais a été donné par grace? vôtre Pere vous a été ôté lorsqu'il étoit dans un âge où la vië commence d'étre une maladië: dans un degré de vieillesse au dessous duquel plusieurs meurent; dans une sorte de maladië qui est assez douce, & qui est exempte de douleurs. Les Grecs l'appellent Maransis, & les Latins langueur. Sa mort a été telle qu'elle ne sçauroit passer pour prématurée ni pour rude. Enfin il est mort avec une joie pareille à celle qu'ont ordinairement les grands personnages, les véritables Chretiens, & les bons Citoïens, lorsqu'ils sortent de ce monde. La Nature ne vous a point surpris, puisque vous l'avez vû âgé de soixante-dix ans. Si elle lui avoit accordé une plus longue vië, ç'auroit été plûtôt prolonger ses miseres & les maux que ses biens & ses commodités. Comme il avoit prevû avec les ïeux de la foi les choſes a venir, & que ſon eſprit étoit rempli des penſées de l'Eternité, les maux de la vië préſente avoient perdu leur force à ſon égard, & ne lui étoient pas ſenſibles. Vous devez auſſi penſer combien de tems vous l'avez eu; & non pas combien de tems vous auriez pû l'avoir. Conſidérez plûtôt le paſſé que l'avenir, & mettez votre plaiſir à vous ſouvenir de celui dont l'Uſufruit vous a été ſi agréable. C'eſt être ingrat de prendre pour un mal la fin que Dieu ſe propoſe, lorſque nous recevons quelque bienfait de lui. J'avoüe qu'avoir eu de bons peres & de bonnes meres, eſt un des plus grands biens que nous puiſſions recevoir; mais c'eſt être inhumain & malhonnête de ne pouvoir pas ſouffrir d'en être privé. Dieu ne nous les donne pas pour contenter nos deſirs, mais pour nous aider dans nos beſoins, & lors qu'ils ſe ſont acquittés de leurs charges, il a droit de nous les redemander. Je ne prétens pas que vous ſoiez inſenſible a la mort de Monſieur votre Pere; mais je ne ſouhaiterois pas auſſi que vous ne pûſſiez vous

vous résoudre à la supporter. Vous pouvez par un juste tempérament de piété & de raison être touché de sa mort, & surmonter la douleur que vous en avez. Pour cet effet, considérez ce que disent là-dessus, non seulement les livres saints, mais encore les profanes: pensez aux instructions que les sages nous ont données, dont votre esprit est rempli dès votre jeunesse, & que votre prudence vous a apris de mettre maintenant en usage. Toutes les fois que vous y verrez la nécessité du destin, l'éxemple de ceux qui meurent, les miseres de cette vie mortelle, le bonheur de celle qui est à venir, & le témoignage d'une bonne conscience & d'une droite conduite, la considération de tant de raisons fera que vous ne vous emporterez pas à des plaintes qui seroient indignes de vous. Si vous faites réflexion à cela, vous n'aurez pas de peine de vous soûmettre à la volonté de Dieu, qui a voulu que vous pleurassiez votre pere, afin que lui même ne vous pleurât pas. De plus aïez en vénération la mémoire d'un Pere que vous avez tant aimé, & faites beaucoup de cas de la réputation irréprochable qu'il

 s'est

s'eſt acquiſe. De cette maniere celui qui a eu ſoin de faire du bien à ſes enfans pendant ſa viё poura encore leur être utile après ſa mort. Adieu, Monſieur, regardez comme une partië de votre conſolation les innocentes paroles que je viens de dire. Votre piété, votre érudition, & votre prudence ſuppléront facilement le reſte.

En notre Cabinet, à Amſterdam le 20. Decembre. 1634.

G. BARLÉE.

LETTRE X.

De M. G. Barlée a M. J. Vicquefort.

MONSIEUR,

Les Chefs de votre lettre, a ſavoir les huîtres, les Niëces du Cardinal de Richelieu, les Tables Françoiſes, le Duc d'Orléans, & Oxenſtern, ſont des choſes fort différentes. En effet les unes mangent, les autres ſont mangées; les unes ſont mariées, les autres rompent leurs mariages; les unes ont Mars contraire, les autres ont Vénus favorable. Les huîtres ſont mangées. Les François mangent, les Niëces dont je viens

viens de parler, se marient. Le Duc d'Orléans frere du Roy répudie la femme qu'il avoit épousée. Oxenstern & les Allemands sont malhûreux à la guerre. J'approuve ce que vous dites des huîtres; quoi que je ne sois pas de ceux qui sçavent, du premier coup de dent, si des Huîtres viennent du Promontoire de Circé, du lac Lucrin, ou du Cap de Rutupie. Les uns les aiment crues, & les autres cuites. Pour moi je préfere celles qui, à l'éxemple du martir S. Laurent, sont cuites sur le gril & arrosées de suc de Coing. Les Tables Françoises ont été splendides, mais ce n'est rien en comparaison du luxe de Tibere qui fit servir sur sa Table trois Mulets de Mer qui avoient coûté trois mille ecus. Caligula avoit coûtume de dire, que l'homme devoit naître ménager ou Cesar. Le Duc d'Orléans pouroit mériter d'être excusé de ce qu'il a fait, s'il pouvoit aussi facilement rendre à son Epouse la virginité qu'il lui a ôtée, qu'il pouroit trouver des prétextes pour la répudier. Oxenstern par son grand courage a apris à surmonter la mauvaise Fortune, & à n'être pas trop orgueilleux dans les bons ſuccés ni trop abbattu dans les diſgraces. Il faut céder pour quelque tems à la tempête de la guerre juſques à ce que le Zéphire, qui commence à ſouffler de la France, nous ſoit favorable. Pour ce qui eſt des Niêces du Cardinal de Richelieu, je n'en dirai rien, ſinon qu'il étoit néceſſaire qu'elles fuſſent placées pour la Dot, laquelle ſera aimée avec plus d'ardeur par celle des Niêces qui aime moins Puylaurent. Je ſuis de retour de Leide, j'y ſuis allé & en ſuis revenu d'une maniere qu'il ſembloit que les Dieux & les hommes étoient irrités contre moi. En y allant, j'ai beaucoup ſouffert de la grêle, des vents, de la neige & de la pluië. En revenant j'ai eu un cocher lent, fantaſque, de mauvaiſe humeur, peu s'en faut que je ne diſe, digne tout au moins du gibet. Je vous irai voir aprés midi, & vous raconterai de plus prés ce que j'ai ſouffert dans mon voïage. Le 1. Mars 1634. G. BARLEE.

LETTRE XI.

De M. J. Vicquefort a M. G. Barlée.

MONSIEUR,

Apres avoir reconnu les traits de vo-

votre main par le titre de votre lettre, j'ai dit en moi-même, voilà mon homme, c'est lui. C'est ainsi que les Amans malhûreux ont coûtume de se récréer l'esprit en se représentant l'image de leurs maitresses absentes, & de prendre des ombres, lorsqu'ils ne peuvent pas avoir le corps: mais qu'entens-je? le sçavant M. Demorius veut bien prendre la peine de traduire en François le discours que j'ai fait sur les merveilles de l'Ame. Les François sçauront donc au premier jour aussi bien que moi, qu'elle a été leur ignorance au sujet de l'Ame; & que si l'ame est trop épaisse dans les Hollandois, trop enflée dans les Espagnols, elle est en eux toute de flamme. Ils sçauront aussi, ce qui a tant de fois frappé si rudement la France; ce qui dresse des embûches aux Sceptres soit au dedans, soit au dehors; ce qui parle en eux tres poliment, ce qui combat avec une tres grande ardeur, & ce qui salüe de tres bonne grace. Car toutes ces choses viennent de l'Ame. Mais je souhaiterois fort que ce tres prudent personnage ne s'attachât pas trop dans sa version à mes paroles, mais qu'il paraphrasât où il seroit nécessaire. Car de traduire mot pour mot, cela ne s'accorderoit point avec la beauté des expressions Romaines : seulement il faut faire en sorte que les termes François aïent autant de grace que les Latins. Par éxemple, Martial a dit fort élégamment d'un homme délicat, qu'il aimoit la chair de Sanglier, les Mulets de mer, les cochons de lait, les Huîtres ; ce que des François pouront sans doute exprimer par une phrase & un proverbe qui soit particulier à leur langue. Je n'ai point de nouvelles à vous écrire ; car c'est de vous que j'ai coûtume d'en aprendre. A présent que vous demeurez ailleurs, mes flûtes gardent le silence, comme les Orgues des Eglises dont on ne remue point les souflets. Adieu, Monsieur, je vous souhaite le bon jour, & vous prie de faire mes baisemains à Messieurs de Zulichem, Brasert, & Demorius. Le 18. Mars 1635.

G. BARLEE.

LET-

LETTRE XII.

De M. J. Vicquefort à M. G. Barlée.

MONSIEUR,

Je dînai hier avec les Ambassadeurs de leurs Hautes Puissances, qui doivent s'en aller en Pologne. Quel courage pensez-vous que j'ai, à présent qu'on m'estime digne de m'asseoir à la Table de si grands hommes. J'ai eu un long entretien avec le tres Illustre Honerdus sur la Poesie & sur les vers alternatifs. C'est une personne qui n'est point du tout de ces sçavans bizarres, ni sévere hors de saison. Il m'a prié de faire une Epigramme à l'honneur des Ambassadeurs dont je viens de parler. Je l'ai faite aujourd'hui de grand matin, & je vous l'enverrai demain, parce qu'à présent je n'en ai pas le loisir. Notre armée sort de tous côtés de ses quartiers d'hiver. Le rendez-vous principal est à Arnhem. Mais le Prince tient le lit, à cause de la goutte dont il est incommodé. Il souhaiteroit bien de se faire porter au Camp dans une Litiere ; mais son mal ne le permet pas. Quand il ne sera plus si violent, son Altesse ne tardera pas à partir: car la présence de Turnus fait hâter le Soldat, & lui donne de l'activité. Que dirai-je du secours qu'on attend des François? je continue de suspendre mon jugement là-dessus. Les Princes, du lieu élevé où ils sont, regardent comme d'une sentinelle, si nous autres, aussi bien que les François & le Cardinal Infant, nous ferons quelque chose qui réponde a un si grand appareil de guerre. Cependant comme tous ne font rien que se divertir chacun à sa maniere, aimons-nous, Joachim, & ne nous soucions pas de ces bruits de guerre, ni des menaces de Mars. Adieu, Monsieur, je vous salue, & Me. votre Epouse, de même que Mrs. vos freres. Le 20. Avril 1635.

G. BARLEE.

LETTRE XIII.

De M. J. Vicquefort a M. G. Barlée.

MONSIEUR,

Je souhaiterois à présent de sçavoir, si vous étes arrivé en bonne santé en la Stormarie avec Madame votre Créüse, votre parent, & votre cousine Mariette,

riette. J'ai regardé presque tous les jours le Soleil & Eole ; & j'ai grondé plus d'une fois celui-là, de ce que pendant votre voïage il s'est quelquefois caché sous des nuages, & de ce qu'il n'a pas joint sa lumiere à celle de vos vertus. Je ne me suis pas moins fâché contre Eole, de ce qu'il soufloit trop rudement, & de ce qu'il a fait tomber mal à propos le voile de Madame votre Epouse. J'ai été aussi fort chagrin de ce que vous avez eu de tems en tems une pluie fort incommode. Mais que cette pluie ne laisse pas de profiter à votre Junon, qui vous aime, si je ne me trompe, plus que Jupiter pluvieux n'aime la pluie ; mais donnnez-vous de garde de lui expliquer ce que je vous dis : car ce sont des mysteres d'Eleusine qu'il n'est pas permis de révéler. J'ai souvent souhaité de faire ce voïage avec vous, non afin d'être trop sévere, mais afin que vous ne fussiez pas trop modéré à rire. Lorsque j'aurai sçû que vous étes arrivé en bonne santé à Hambourg, nous sacrifirons un Taureau à Neptune, & des Merlus à Eole. Ce que je dis d'un Taureau, est une promesse que je fais à dessein de m'en acquiter ſeulement en voeu & en eſprit, & non pas réellement & en effet : car des ſacrifices de Taureaux coûteroient trop. Notre Prince eſt preſque guéri de la goutte. Il eſt chagrin, à ce que m'écrit le tres noble van der Myle, d'avoir les pieds malades, pendant que ſes mains ne demanderoient qu'à combattre. Tous les valets de l'Ecurie, & les Chevaux partirent hier de la Haie. O guerres & horribles guerres ! je vois les Campagnes écumantes de ſang, ſi quelque accident, ou quelque Dieu ne retarde de ſi grands projets. Le bruit commun eſt que les troupes de France ſont campées dans le Païs de Liége ; ce que les perſonnes groſſieres ne croient pas. Je ne penſe pas néanmoins que les déliberations des Rois & des Princes ſur la guerre qui leur eſt commune ſoient inutiles. Votre parent Weſenbec nous régala, il y a peu de jours, vos Freres & moi. Je ſerois fort ſurpris ſi l'oreille droite ne vous a point tinté, puiſqu'on y parla ſouvent de vous. Je ne doute point que vous ne vous ſouveniez auſſi de nous. Si tous ces bons offices pouvoient engraiſſer mes poules que mon

pe-

petit jardin nourrit, il ne m'en coûteroit pas tant en orge. Voïez de quelles grandes choses je vous parle, quand je manque de sujet sérieux. Adieu, Monsieur & tres sincere ami; saluez, s'il vous plait, de ma part toute votre Famille. Le 6. Mai 1635.

G. BARLEE.

LETTRE XIV.

De M. J. Vicquefort a M. G. Barlee.

J'Avoüe, Monsieur & tres cher Ami, que je vous suis fort redevable, pour les beaux vers que vous m'avez envoïés. Dieu a éxaucé les voeux de mon Poëte, & nous a favorisés d'un tel voïage, que si vous me demandez si notre arrivéë a été hûreuse, je puis vous répondre qu'elle l'a été autant que nous souhaitions. Car, quoique les grandes pluies qu'il avoit fait eussent couvert les chemins d'eau & de bouë, nos conducteurs néanmoins agirent avec tant de prudence que nous fimes notre voïage sans danger. Je ne vous dirai rien des vents favorables que nous avons eus, puisque, avec le secours d'Eole qui obéissoit au comman-

dement du Poëte, nous avons hûreusement passé tous les trajets. Notre parent Smith a prévenu vos menaces, comme il n'aime, ni ne sçait les manieres des Hambourgeois, il s'abstient avec une gravité hors de saison de donner des baisers. Le bon homme nous a reçus avec tant d'honnêteté, & nous retient chez lui avec tant d'affection, que cela me fait plus de peine pour l'honneur, que pour l'amitié qui est entre nous. Outre plusieurs témoignages éclatans qu'il m'en a donnés, il a voulu encore ajouter à la qualité de Parent celle de Compere; sa chere Epouse lui aïant, il y a dix ou douze jours, hûreusement enfanté un fils qui est le neuviéme enfant de son pere. De cette maniere nous sommes ici en joie & en santé, sans aucun déplaisir que celui de ne vous y point voir, & que vous ne puissiez pas joüir avec moi de la conversation d'un hôte si honnête & si agréable. Pour ce qui est des affaires publiques, je ne sçai rien qui soit digne de votre curiosité. Le tres Illustre Foppius d'Aitzema est à Vienne aupres de l'Empereur, de la part, à ce que je crois, des Etats. Quelques-uns néanmoins veulent qu'il y

soit

soit comme particulier, & qu'il ait changé de parti. La qualité de Baron dont ils disent que sa Majesté Imperiale l'a gratifié leur donne peut-être du soupçon. Nous sommes si incertains de la Paix entre l'Empereur & l'Electeur de Saxe, que je crois que vous n'en sçavez pas moins que nous. Mandez moi, je vous prië ce que le Prince a dessein d'entreprendre, ce que les François promettent, & ce que nous avons à craindre des ennemis. Faites moi aussi savoir si nos Ambassadeurs pour Prusse ne sont pas encore partis, ce que fait le tres noble Zulichem, s'il est encore à la Haie avec le Prince, ou s'il est à Utrecht à y faire, en passant, de secondes amourettes, & enfin si votre chere Epouse & vos Enfans se portent bien, & si vous continuez de m'aimer. Cependant je vous souhaite, & à toute votre famille, toute sorte de bonheur & de satisfaction. A Hambourg le 11. Mai 1635.

Saluez, s'il vous plaît, Madame votre Epouse & vos enfans, de ma part & de celle de ma Junon. C'est le nom qu'on lui avoit donné, com- on avoit donné celui de Vénus à Madame d'Overbeck. Elle vous saluë aussi,

aussi, comme font tous nos parens, sur tout notre ami Smith qui vous estime avec amour, & toutes les belles qualités que vous possedez.

LETTRE XV.

De M. J. Vicquefort. a M. G. Barlée

MONSIEUR,

Dans le tems que je m'attendois à recevoir de vous d'agréables nouvelles j'en ai reçû de fort tristes, puisqu'elles m'apprennent la maladië dangereuse de Madame votre Epouse. Je souhaiterois que ma femme & moi, nous fussions à portéë de lui donner tous deux ou quelque secours, ou quelque consolation, selon qu'il seroit expédient; mais pour le présent nous ne pouvons faire autre chose que d'offrir à Dieu des voeux & des prieres, afin qu'il accorde à votre chere épouse ce qui lui sera avantageux & à toute votre famille. Nous n'avons encore rien résolu touchant notre voïage; mais s'il est permis de conjecturer, ce pourra être vers le cinquiéme de Juin. Cependant, s'il y a quelque chose dans ma maison qui puisse vous servir, vous me ferez plai-

plaisir d'en user librement. Touchant Foppius d'Aitzema, dont je vous écrivis il n'y a pas long tems, on tient pour certain qu'il a embrassé le parti de l'Empereur & des Catholiques. Mais je n'ai pû encore sçavoir qu'elle dignité il a obtenu, ni quelle charge il éxerce. Il y a huit jours qu'il est de retour en cette ville, mais il ne paroît pas en public. L'Electeur de Saxe & les Députés de l'Empereur traitent encore de la paix, & le Duc de Lunebourg a aussi consenti à une Trêve; de sorte que les Peuples commencent à avoir bonne espérance de l'issuë de ces négotiations. Au reste nous n'entendons dire ici d'autres nouvelles que celles que nous recevons des Païs-Bas, mais elles vous sont assez connuës. Adieu, Monsieur & tres intime ami; saluez de ma part Madame votre chere Epouse, & l'assûrez que je lui souhaite de tout mon cœur une santé parfaite.

Ecrit à la hâte & la nuit, à Hambourg le 18. Mai 1635. ma femme vous saluë aussi, sans oublier Madame votre Epouse, & Mesdemoiselles vos Filles.

LET-

LETTRE XVI.

De M. J. Vicquefort a M. G. Barlée.

Pour Amſterdam.

MONSIEUR,

Ce que vous me marquez de la maladie de Madame votre Epouſe, que vous ne ſçavez qu'èn croire, & que ſa perſonne n'eſt pas hors de danger, eſt quelque choſe de fort triſte. Je ne ceſſerai pas néanmoins d'èn avoir bonne eſpérance, puiſque la maladie tire en longueur, & qu'on ne craint plus d'apopléxie. Si l'évenement répond aux conjectures des Médecins, Dieu donnera à Madame votre Epouſe ſes moïens de récompenſer abondammant les peines qu'elle ſouffre. Cependant vous devez ſupporter conſtamment cette affliction domeſtique, & fortifier par votre éxemple le courage de votre famille, afin de faire voir par votre patience en particulier, ce que vous avez ſouvent enſeigné en public avec tant d'éloquence; qu'eſt-ce que peut dans les tems fâcheux une perſonne tres verſée dans la connoiſſance des préceptes de la Philoſophie. Vous jugez

jugez fort bien des Princes Proteſtans d'Allemagne. Les Suedois ne tiennent pas beaucoup contre la maladie. Le Duc Bernard fait tout ce qu'il peut pour le bien public, mais je ne vois pas qu'il puiſſe faire grande choſe contre la puiſſante armée du Roi de Hongrie, étant privé des plus conſidérables ſecours des Cercles, & n'en eſpérant que du Roi de France qui eſt occupé à d'autres affaires. L'Electeur de Saxe veut aſſûrer les ſiennes par une paix qui lui coûteroit plus cher ſi l'Empereur ne craignoit rien de la France. Le Duc de Lunebourg, quoi qu'il ait été juſqu'à préſent joint aux Suedois, incline néanmoins à la paix par la perſuaſion de l'Electeur de Saxe, pourvû que le Landgrave de Heſſe ſoit compris dans le traité, dont l'Empereur l'a voulu exclure avec quelques autres. Nous avons ſujet d'être bien aiſes que la premiere expédition du Cardinal Infant n'ait pas réüſſi; il n'importe pas peu que de nouveaux Généraux ne viennent pas à bout de leurs grands deſſeins; car il eſt certain qu'un mauvais ſucces fait perdre autant de réputation, qu'un bon en feroit avoir. Il n'y n'y a plus de doute que l'inimitié qui est entre les François & les Espagnols n'éclate en une guerre ouverte. Il y a long tems que le dez en est jetté, & que les Espagnols ont passé le Rubicon dans le tems qu'ils tenoient la Moselle fermée par la prise de Trêves, dont ils ont emmené l'Electeur prisonnier: & certes je ne vois pas comment on pourra éteindre le feu de cette guerre, puis que les Princes & les Républiques ont été obligés d'y entrer & d'y prendre parti. Les Liégeois n'ont dessein que de regarder combattre ceux qui sont engagés en cette guerre, mais pour ceux de Cologne, je doute fort qu'ils puissent éviter leur ruine. Vous voïez bien, Monsieur, que je ne vous entretiens que de choses communes, mais c'est que je n'ai rien autre chose qui mérite d'être écrit. Si à la premiere commodité il me vient quelque nouvelle, je vous en ferai participant. Cependant je vous dis adieu, & à Madame votre chere Epouse; toute la famille, & moi, nous vous saluons tous deux.

Ecrit à la hâte, à Hambourg le 25. Mai. 1635.

LET-

LETTRE XVII.

De M. J. Vicquefort a M. G. Barlée.

Pour Amsterdam.

MONSIEUR,

Je rougis de ce que, sans avoir reçû aucune lettre de moi, vous avez bien voulu m'honnorer d'une des vôtres, & m'envoïer les vers que vous avez faits: vous ne pouvez assûrement me faire un plus grand plaisir, puisque vous sçavez tres bien l'estime que je fais de vôtre personne & de toutes vos belles qualités. Ce que vous dites dans vos vers, à la loüange des Ambassadeurs qui s'en vont en Prusse, m'a tellement excité à les loüer aussi, que vous ne sçauriez en avoir de l'envie contre moi, sans me faire un tort considérable. Si ces héros sont partis depuis peu, l'horrible tempête qu'ils auront soufferte, leur aura sans doute fait détester ce voïage, à moins qu'ils ne se soient souvenus de ce que vous écriviez, il n'y a gueres, à un de vos amis, que le tems qu'on emploïe pour la République n'est jamais ennuïeux à un homme de bien. Ce que vous me marquez de la ma-

maladie de notre Prince, eſt d'autant plus à plaindre qu'il ſe préparoit à faire voir par quelque grande action l'affection qu'il a pour la Patrie. Je ſuis ſurpris de ce que vous doutez encore du ſecours de la France, & que vous faſſiez le ſceptique, apres avoir il y a déja long tems déclaré la guerre au Pyrrhoniſme. Je me trompe fort ſi la France n'aſſiſte ſi puiſſamment les Alliés cette année, que nous n'aurons rien à craindre des ennemis. Je voudrois bien que les Allemands ne fuſſent pas ſi expoſés au danger; car ils auront à ſoûtenir les plus grands efforts des Impériaux, ſi les hûreux ſucces des François ne font quelque diverſion. Pour ce qui eſt de l'Electeur de Saxe, il n'y a rien de bon à en eſpérer pour les malhûreux, puis qu'il fera telle paix qu'on voudra, plûtôt que de s'engager dans une guerre d'où il ne pouroit ſortir. Les Seigneurs ſubalternes de Saxe attendent avec beaucoup d'impatience le grand Chancelier de Suede pour, par ſon entremiſe, faire changer de deſſein à l'Electeur; mais je n'y vois aucune apparence. Je vous écrirai peut-être bientôt le reſte de cette affaire. Cependant

je

je vous ſouhaite une bonne ſanté, & ſalue tres humblement Madame votre Epouſe & toute votre famille. A Hambourg le 2. de J.

J. VICQUEFORT.

LETTRE XVIII.

De M. J. Vicquefort à M. G. Barlée.

JE ſouhaiterois, Monſieur & le meilleur de mes amis, de vous pouvoir écrire plus au long; mais j'en ſuis empêché par l'obligeante, pour ne pas dire incommode, civilité de quelques autres amis. Ce que vous écrivez de la fauſſe couche de votre chere Epouſe, & des ſymptomes qui s'en ſont enſuivis, nous a étrangement ſurpris ma femme & moi; nous en aurons néanmoins bonne eſpérance, tant que le tres Illuſtre Verkerius dont la fidélité & le grand ſoin ne ſé rallentira pas, à ce que j'en puis juger, n'en déſeſpere point. Ce que vous me marquez des affaires publiques me plaît davantage. Je commence à avoir bonne eſpérance des nôtres, depuis que l'alliance avec la France a été ſcellée d'une illuſtre victoire. Nous verrons dans la ſuite ce que l'Empereur & les Eſpagnols feront pour détourner cette grande tempête qui menace les Païs-Bas. Il n'y a nul doute que le bon ſuccés qu'on a eu, n'ait réparé nos forces, comme il aura affoibli celles des ennemis, & qu'il n'ait augmenté le courage des uns, comme il l'a fait perdre aux autres. Nous attendons dans peu que le Prince qui apres la jonction de ſes troupes avec celles de France, doit entrer dans le Brabant, le mettra ſous contribution & ſe rendra maitre de quelques places; ou que l'une & l'autre armée aſſiégera quelque forte ville. Vous pouvez, vous qui étes plus proche, nous apprendre ce qui en ſera. On nous dit d'étranges choſes de la Flotte d'Angleterre. Le bruit eſt qu'elle a paſſé le long de l'Irlande pour aller à la rencontre des vaiſſeaux qui reviennent des Indes Orientales, & faire que les Anglois obtiennent de la Compagnië, par la force, ce qu'ils n'ont pu jusqu'a preſént avoir par la raiſon. On croit la Paix concluë entre l'Empereur & l' Electeur de Saxe, mais on ne ſçait point encore ſi le Duc de Lunebourg y eſt compris. Il a fait une Trêve pour, par ſa ſa fidelité, obtenir de l'Empereur ce qu'il ne ſauroit avoir par l'équité. Il y a entre lui & ſon frere qui a ſa Cour à Hirtzaker, & qui eſt tres bien avec l'Empereur, une conteſtation au ſujet du Duché de Brunſvic, & il eſt certain que s'il peut s'en aſſûrer la poſſeſſion par ſa complaiſance, il embraſſera le parti des ennemis. Cependant le Lantgrave de Heſſe arme fortement, quoi qu'il ſoit tres éloigné pour être ſecouru des Alliés. J'ai fait vos baiſemains au tres Illuſtre Foppius d'Aitzema qui a voulu auſſi que je vous fiſſe les ſiens dans cette lettre. On tient ici pour certain qu'il a quitté notre parti, néanmoins il veut que je le croïe encore bien intentionné pour la Patrie, & même qu'il a bonne opinion du bonheur de la France, ce qu'autrement il ne croiroit pas. Il penſe à retourner bien tôt en notre Hollande, où peut-être l'ocaſion ſe préſentera de converſer avec lui. Pour nous autres, nous nous diſpoſons à partir dans huit jours, de ſorte que je n'attens plus de réponſe de vous. Cependant je vous ſouhaite, & a toute votre famille, une parfaite ſanté, & je vous ſalue tous. Ecrit à la hâte, à Hambourg le 5. juin.

Ma femme, tous nos parens sur tout Smithsius, & moi pareillement, nous vous baisons tres humblement les mains, & à Madame votre chere Epouse, Pardonnez je vous prie, la négligence avec laquelle je vous écris.

LETTRE XIX.

De M. G. Barlée a M. J. Vicquefort.

MONSIEUR,

Pendant que vous étes occupé à la Cour, j'aprens à la mépriser avec dédain. Je ne puis pas supporter cet éclat, semblable en cela aux Choüettes qui aiment les ténebres, & les endroits propres à se cacher. Qu'il est doux d'envoïer souvent de petits vers à Monsieur Huigens, ou a vous Monsieur, ou a des Dames sçavantes au dessus de leur Sexe. Sur ce pied je ne changerois pas ma condition pour des richesses qui donneroient trop de peine. J'ai chez moi M. Overbeck, à qui l'entrée de ma maison, donne aussi entrée aux proces où il est engagé par la malice de ses ennemis. Peu s'en faut que je ne devienne Avocat ou criailleur de Barreau. J'ai les oreilles si étourdies des mots de créance & de det-

dette, que je m'imagine quelque fois être un juge, & l'arbître des différens des personnes de lettres. Les Avocats me reprochent souvent, & avec raison, mon ignorance en ces sortes de choses, toutes les fois que j'ose parler & que je les interromps dans les choses où ils sont stilés. Je souffre patiemment ces coups de foüet, & a l'éxemple de l'Ane d'Apulé, je reçois souvent de rudes coups sur mon dos. Que ces gens lisent à haute voix les Loix du Code, & les édits des Empereurs, pour moi je ne suis pas si grossier que je ne sache distinguer ce qui est juste d'avec ce qui ne l'est pas. J'ai compassion de ceux dont les biens servent de matiere aux contestations de ces Rhétoriciens. Diogéne n'avoit pas besoin de ces gens-là, puisque personne, que je sache, ne lui a intenté proces au sujet de sa besace & de son Tonneau. Vous n'entendrez jamais dire que Barlée en vienne aux proces avec personne, ni à plaider devant les juges. Ce mot de Bilbilicus, jamais de proces, me plaît fort. Donnez, je vous prie, à M. Huigens ces vers de la tres spirituelle Tessel-le. Ils ne manquent pas d'esprit, autant que j'en puis juger, à moins que l'amitié que j' ai pour elle, ou une admiration aveugle, n'aïent obſcurci le mien. J'y ai ajoûté une Epigramme parce que, comme dit le proverbe, une femme chaſte ne va pas ſeule. Adieu, Monſieur, & revenez bien tôt. Vous appaiſerez par ce moïen la Dame, & vous me ferez plaiſir. Amſterdam le 16. Mars 1636.

LETTRE XX.

De M. Barlée a M. J. Vicquefort.

MONSIEUR,

Vous n'avez pas plus tôt été parti d'ici, que j'en ſuis parti avec vous. Les Navires & les Charriots qui vous ont porté, ont ſervi auſſi à me porter en même tems. Je me ſuis ſéparé de mon corps, & vous aïant accompagné quand vous étes parti, je n'ai pas été ici davantage, ſi vous me conſidérez par raport à cette partië par laquelle le Philoſophe Anaxarque & les ſectateurs de Socrate ſe croïoient hommes. Les Philoſophes nient que l'ame ſoit diviſible. Pour moi j'ai éprouvé pendant votre abſence que cela n'étoit pas vrai: car depuis

puis que vous, qui étes le ſoutien & les délices de mon ame, nous avez quittés, je ne vis plus tout entier, il n'y a qu'une petite partië de moi même qui vit. Vous ſçavez qu'il y a trois facultés de l'Ame; celle par la quelle nous vivons avec les plantes, celle par laquelle nous ſentons avec les Bêtes, & celle par laquelle nous avons la raiſon & la ſageſſe avec les intelligences, & les eſprits céleſtes. Je vis d'une maniere plus languiſſante que je ne faiſois dans le tems que vous étiez ici; car alors ma vie étoit tres puiſſamment ſoulagée par votre viſage, par vos paroles, & par pluſieurs bons offices qu'il ſeroit inutil de rapporter; outre que vous éloigniez de tems en tems les jours qui m'auroient été déſagréables, & que par votre ſouffle vous entreteniez en moi la chaleur naturelle. Je m'apperçois auſſi que mes ſens ſont affoiblis, puiſque j'entendois celui que je voïois, & qu'à préſent je ne puis ni voir, ni entendre, ni toucher celui à qui je touchois ſi volontiers dans la main. C'eſt le propre des animaux de ſe mouvoir d'un lieu à un autre; mais depuis que mon Agathe s'eſt éloignée de moi, je ſuis preſque devenu

 plan-

plante & animal tout ensemble, & semblable à une éponge, je suis fortement attaché à un rocher Domestique. Une partie de ma raison est périe, parce que vous faisiez des argumens contre moi qui étoient pleins de bon sens, & que vous ne laissiez pas émousser la pointe de mon esprit qui, étant trop oisif pendant votre absence, souhaite d'autant plus de vous revoir. La volonté, qui de toutes les facultés de l'Ame est la plus Divine & immaterielle, est à peine a elle-même, aussi bien qu'à moi. Elle est périe, cette volonté par laquelle je vous aimois d'un amour de complaisance, comme on dit dans les Ecoles, qui regarde le bien présent. Elle est périe cette volonté, par laquelle je vous embrassois tous les jours entre les plus honnêtes gens, comme le modêle de l'honnêteté véritable & sans fard. J'ai cessé de vouloir & de souhaiter le pere & l'arbitre de l'agrément & de la politesse. J'ai cessé de souhaiter une personne née pour le bien public, & pour celui de ses amis, le favori des Graces & des Muses, dans lequel on révere la science de l'antiquité, & en qui on est surpris de voir tout ce qui ex-

excelle sans affectation dans les sciences nouvelles. Contre ces incommodités causées par votre départ, il ne me reste point d'autre remede, que celui de m'imaginer que vous êtes présent tout absent que vous soiez. Il y a entre les personnes éloignées les unes des autres, un noeud qui lie leurs esprits, & qui fait qu'elles se réünissent, quoi que leurs corps soient séparés. Je souhaite souvent, que ce qui sembloit véritable à Averröes le soit effectivement, qui est qu'il n'y a qu'un seul & même esprit dans tous les hommes, afin que le vôtre soit le mien, & le mien, le vôtre. Je souhaite fort souvent que le sentiment de ceux qui prétendent qu'un même corps peut être présent en plusieurs lieux, soit véritable, seulement afin que je puisse me joindre à vous de plus près. Souvent mon esprit se plaît a penser que toute la Terre, comparée à la plus petite partie du Ciel, est un Centre, & un petit point indivisible, afin que nous ne soions point séparés par aucun Diamêtre sensible. Je pense souvent qu'on souhaite avec plus d'ardeur les choses dont on est obligé de se passer, & qu'on possede par désir ce qui eſt plus éloigné. Il me vient ſouvent dans l'eſprit, ce qu'on a coûtume de dire en proverbe, qu'un autre ami eſt une même choſe que nous, de crainte que ſi nous étions deux, on ne pût nous ſéparer & nous déſunir. Vous n'ignorez pas, Monſieur, que les perſonnes qui aiment imaginent des ſonges: Ainſi pour chercher du ſoulagement de tous côtés, je m'imagine être Eurus afin de vous ſuivre par le moïen des nuées; ou le Soleil, afin de vous voir à toutes les heures du jour; ou la Lune afin de ne vous pas perdre de vûe pendant la nuit; ou l'Océan afin de vous ſuivre dans vôtre navigation; ou Triton afin de porter par tout à vos amis des nouvelles de vôtre ſanté. Bien plus j'oublie de quel Sexe je ſuis, & m'imagine être Bérécynthie, afin que, pendant qu'on vous porte par des villes qui ont des tours, je ſçache de vos nouvelles, & en quel état ſont vos affaires; ou la Renommée pour ne rien publier de vous que de vrai & d'avantageux en toutes choſes. Lorſque je penſe aux opinions des Sceptiques, je ſouhaiterois qu'on pût ſoutenir avec raiſon, que vous n'êtes pas plus par-

parti, que pas parti. Lorsque je fais réflexion aux sentimens des Péripatéticiens, je voudrois pouvoir me persuader que l'entendement devient ce qu'il pense, afin que toutes les fois que vous vous présenterez à mon esprit il pût mieux vous retenir, après que vous seriez devenu la même chose que lui. Lors enfin que je considere les opinions des Pythagoriciens, je souhaiterois que les ames, même des vivans, changeassent de demeure, afin que la vôtre & la mienne pussent tirer l'une de l'autre pour un tems leur hecceïté, ou pour parler en termes plus Latins, leur forme propre & singuliere. Mais je cesse d'imaginer des paradoxes, & de m'égaïer en des fictions. Je suis revenu à moi, & j'ai senti que mon ame, qui étoit misérablement divisée, s'est réünie, aussi tôt que j'ai sçû que vous étiez arrivé en France. Dans le même tems aussi ma vie, mes sens, & ma raison sont revenues. Après avoir échappé aux périls de la mer & des pirates, vous êtes arrivé par la grace de Dieu dans un païs où vous avez pour amis tres zélés des personnes distinguées qui s'estimeront hûreuses de se servir de

vo-

votre industrie & de vos conseils. Vous y voïez un Roi que l'amour qu'il a pour la justice unit à Dieu, à ses sujets, & aux Flamands. Vous parlez à un Général qui par le secours des richesses de la France, par sa propre valeur, par la considération de celle de son ancienne famille, & de tant & de si grands éxemples de ses ancêtres, soutient par de nouveaux exploits l'Allemagne chancelante & prête à tomber, & pendant que l'Empire est tout en trouble, se leve comme un Astre salutaire à ceux qui ont été chassés de leurs païs & qui sont dans l'affliction. Nous autres qui sommes ici, nous vous avons suivi pendant votre absence, & nous vous suivons encore de jour à autre, d'esprit, de voeux, de prieres, & pour dire la vérité, agréablement avec les verres. Parmi tant de santés, de souhaits, & d'hûreux présages de vos amis, il est impossible que vous ne vous portiez bien. On ne voit point de maladies, dans les lieux d'où elle sont proscrites par les vœux de tout le monde. J'ai assisté avec Madame votre Epouse, personne d'un esprit pénétrant & relevé au dessus de son sexe, aux nôces de la fille

fille de M. Paul de Wilhem. Assûrez-vous qu'à votre nom les tables ont fait grand bruit : pour moi, je ne doute point que les congratulations & les témoignages de joie de vos amis n'aïent retenti à vos oreilles, de même que les paroles obligeantes avec lesquelles tous ensemble, & chacun en particulier, ils vous ont recommandé, non à la fortune, mais à Dieu notre sauveur & notre protecteur. Adieu, Monsieur, assûrez, je vous prie, de mes tres humbles respects le tres Illustre Ambassadeur Grotius, tous mes autres amis, & même Monsieur Junius, après que vous aurez passé le Rhin. Je souhaite au Duc de Veimar qu'il soit aussi victorieux dans les combats qui se donneront durant cette guerre, qu'il l'est à présent. Madame votre Epouse & tous vos freres se portent bien. Monsieur le Bailli de Muyden, mon Collegue M. Vossius, M. Mostart, & tous mes enfans vous font mille baisemains. A Amsterdam le 16. Mai. 1638.

LETTRE XXI.

De M. G. Barlée a M. J. Vicquefort.

MONSIEUR,

Pendant que vous parcourez agréablement la France, nous passons le tems avec nos amis, & les jours de fêtes à la maison dans un repos hûreux. Madame votre chere Epouse, & Mostart & moi, nous avons été à la Fête de la Pentecôte à Muyde, où M. le Bailli du lieu, qui est né pour gâgner les bonnes graces des honnêtes gens, nous avoit priés d'aller. Car la saison est telle qu'elle est capable de détourner les plus appliqués à l'étude, & de les engager entiérement. Pendant que j'étois là, je vous addressai tout absent que vous soiez, ces vers que je fis sur les conviés de notre hôte. Nous sommes trois ici à Muyde, celui qui écrit ceci, votre épouse, le Professeur; le premier & le troisiéme sont sans leurs femmes: & votre Epouse s'impatiente de ne vous pas voir. Chacun marche sans sa compagne, & va seul çà & là. Leonora est la seule qui accompagne son Illustre Epoux & qui par un sort plus hûreux va devant ses hôtes. Nous avons néanmoins cette consolation que nous trois qui sommes sans nos femmes, nous sommes aussi sans procés. Apres être revenu de Muyde chez moi, j'assistai avec mon Collegue M. Vossius

aux

aux nôces de M. G. Bartolote. Madame votre Epouſe y avoit auſſi été invitée; mais elle ne s'y trouva point contre l'attente du fiancé & de la fiancée. En voulez-vous ſçavoir la raiſon? c'eſt qu'elle n'a aucune joie parfaite pendant votre abſence. Si vous euſſiez été ici, vous auriez été un des Spectateurs & des acteurs tout enſemble de cette cérémonie nuptiale. Maintenant que vous êtes accoûtumé de converſer avec des Princes, & avec de tres grands Capitaines qui ſont dans une haute réputation dans toute l'Europe, vous avez à coeur des choſes plus ſérieuſes. La condition de votre abſence eſt aſſûrement plus conſidérable. Ici nous avons la converſation d'un fiancé & d'une fiancée qui ſont d'une humeur fort douce, & où vous êtes, vous avez la converſation d'un tres vaillant Capitaine. Ici nous ſommes dans l'Amphitéatre & dans le Camp de Venus: là vous êtes dans le Cirque & dans le Champ de bataille de Bellone. Ici il ne s'agit que d'affaires particulieres d'amis: là il s'agit de celles de tout le monde Chretien. Ici je ſuis avec des conviés qui n'ont point d'armes; là vous êtes avec des gens ar-

armés de toutes pieces. Ici il ne s'agit que de se rendre maitre de la virginité d'une Epouse; là il s'agit de forcer des villes & des camps ennemis. Ici l'Himen cause une guerre fort douce; là le Dieu Mars en cause une plus rude & plus sanglante. Ici la Guitarre, le Luth, & le chant rendent les esprits plus doux; là le bruit des tambours & le son des trompettes les rendent plus sauvages & plus emportés. Là les combats qu'on donne tous les jours sont autant de préludes de la mort; ici les baisers qu'on donne de même tous les jours en sont autant de la vie. C'est ainsi que nous autres mortels vivons sous un destin différent, & que nous ne faisons pas tous les mêmes choses en tous lieux. Le bruit court que le Duc de Veimar pousse ses avantages, & poursuit les ennemis effraïés, comme Lucain disoit autrefois de César. C'est ainsi qu'il se fraïe un chemin à la gloire, & qu'il s'éleve jusqu'au Ciel. Pour nous qui sommes fort éloignés, nous félicitons ce vainqueur, & nous faisons des voeux pour celui qui a rétabli les affaires. Leurs Hautes Puissances qui prennent part aux avantages & au bonheur de

vo-

votre Général, travaillent aussi de leur côté pour donner de la terreur à l'Infant d'Espagne par une nouvelle expédition qu'ils méditent. Le Prince d'Orange est déja parti. Le Rendez-vous des troupes est pres de Bosleduc. On assemble des vaisseaux pour les y transporter. Mais il est incertain si notre Gouverneur marchera vers le Brabant, ou vers la Flandre. L'Armée de France commandée par le Duc de Châtillon marche, à ce qu'on dit, à Donquerque, dont le Port est blocqué par le Lieutenant Amiral des Etats. O guerres & terribles guerres! mais je laisse ces choses à Dieu, & aux Princes qui sont immédiatement apres lui, & qui tiennnent sa place. Le Comte Henri de Bergh est mort, & a ainsi cessé d'être la victime de la haine de Philippe. Je vous souhaite une longue vie accompagnée de santé, afin d'aller toûjours où la bonté de Dieu vous conduira. Adieu, Monsieur & la fleur de mes Amis. Tous ceux que vous avez ici, & mes sept, vous saluent. A Amsterdam le 4 Juin, 1638.

G. BARLEE.

LET-

LETTRE XXII.

De M. G. Barlée a M. J. Vicquefort.

MONSIEUR,

Depuis votre départ je vous ai écrit deux fois, ſans que j'aïe encore eu de réponſe. Ce n'eſt pas que je le trouve mauvais. Je ſçai que vous avez écrit à pluſieurs perſonnes, & ſur des choſes qui ne regardent pas un Philoſophe. Je crois néanmoins que vous m'avez fait autant de fois réponſe, que vous avez écrit à Madame votre Epouſe de me faire vos baiſemains. Continuez d'en uſer de la ſorte; il me ſuffit que parmi vos affaires & vos occupations vous vous ſouveniez de tems en tems de moi. C'eſt ainſi que je m'imagine aller à Cheval, naviger, marcher, diner, & ſouper avec vous. Les jours de Samedi qu'arrive le Courier de France, j'ai coûtume de me trouver à votre maiſon pour apprendre de vos nouvelles, & l'état de votre ſanté. Apres avoir ſçû que tout va bien pour vous, nous rions, nous nous réjoüiſſons, nous vous applaudiſſons tous, Madame votre Epouſe, vos freres, vos Parens & moi,

com-

comme les Pasteurs se réjoüissent sur le rivage d'Amycla, lorsque Helene vient aux vaisseaux Idéens. Nous souhaitons que la Seine, la Loire, le Rhône, le Rhin, & les autres Fleuves sur lesquels vous irez, ou que vous traverserez, vous soient tranquilles & favorables. Vous êtes digne, vous qui vous êtes depuis peu embarqué sur l'Océan pour suivre la volonté des Dieux de la terre, que les moindres eaux, & les filles de l'Océan vous obéïssent. Vous êtes digne que les montagnes, les Collines & les rochers que vous rencontrerez s'applanissent pour vous rendre le chemin aisé, parce qu'il n'y a rien de si haut ni de si élevé que votre générosité modeste ne soit capable de franchir. Vous méritez que toutes les vallées, & les lieux bas vous obéïssent, vous à qui les choses les plus humbles & les plus basses fournissent une abondante matiere de vertus, & d'occupations plus relevées. Vous avez lu autrefois cette Ode d'Horace, qui commence ainsi, l'Homme de bien, &c. Faites vous en maintenant l'application. Vous n'avez pas besoin d'un surveillant puisque la temperance veille elle-méme à votre santé. Vous n'an'avez pas à craindre les voleurs, vous à qui l'innocence de la vie, & la probité, servent de défense. Vous n'avez pas besoin de flêches, d'arc, ni de Carquois, vous qui croïez qu'il n'y a point de guerres justes, que celles que la nécessité conseille & ordonne pour le bien de la Religion & de la Patrie. Vous avez, à ce que je crois, pour compagnon dans votre voïage le tres Illustre Junius, & en sa personne trois compagnes, la science, la prudence, & la douceur, qui est celle qui vous sert comme de voiture. Vous courez souvent la Poste à Cheval, afin d'achever plus promptement le voïage que vous avez déjà fini en votre esprit. Quelquefois vous allez l'entrepas, & vous comptez les pas de votre Cheval, afin d'apprendre par votre exemple non seulement aux Princes, mais encore aux particuliers, qu'il faut se hâter sans précipitation. Ainsi, Monsieur, vous voilà sans crainte & en sûreté dans les chemins, avec vos compagnons, sur les rivieres, sur la mer, & par les montagnes. Au reste pour ce qui est des affaires qui regardent le public, Bellone n'a pas excité dans l'Europe une seule guerre. De grands acteurs sont entrés

dans

dans le champ de bataille, ceux de la Maison d'Aûtriche, les François, les Suedois, les Etats Généraux des Provinces-Unies. Ceux de la Maison d'Autriche ne combattent pas sous un seul Chef & dans un seul endroit, non plns que les Suedois. Les François combattent avec avantage sous la conduite du Duc de Châtillon d'un côté, & sous celle du Duc de Veimar de l'autre. Celui-ci apres avoir pris plusieurs Généraux de l'Armée Impériale, s'est rendu maitre des Places, & a vangé glorieusement la défaite de Norlingue. Les François ne pouvoient pas vaincre avec plus de certitude, qu'en se servant d'un Prince Allemand, ni d'une maniere plus éclatante que par un Duc de la Maison de Saxe, ni avec plus de force & de vigueur que par celui qui passe pour être la terreur de la Maison d'Aûtriche, & l'orage fatal qui la menace. En ces quartiers notre Prince d'Orange continue d'agir avec succés, & d'avancer les affaires de leurs Hautes Puissances par de grandes entreprises. Son Altesse a fait descendre par le Vahal les troupes qui étoient embarquées, & les a menées à Bergopsom; Elle a aussi détaché

taché une partie de ces troupes sous le commandement du Comte Guillaume de Nassau, pour attaquer les digues & les Forts qui défendent le païs de Vaes; & même il court déja un bruit qu'il en a pris quelques-uns. Ce qu'il y a de certain est que le Fort de St. Marie qui est sur la Digue de Blockersdyck est actuellement assiégé par le Comte que je viens de nommer. Anvers & Hulst craignent pour eux; cependant je ne vois aucune apparence qu'on puisse prendre la premiere de ces deux villes, quoi que notre Général ait ses Paradoxes, & qu'il soit plusieurs fois venu à bout de tres grandes entreprises contre le sentiment & l'attente de tout le monde. Les François sont venus camper devant S. Omer, & se sont approchés des murailles de la place. Les Espagnols apres avoir taillé en pieces quelques Régimens François ont pourvû cette ville de troupes, & de munitions de guerre & de bouche. Ils font aussi tous leurs efforts pour conserver Donquerque, & empêcher que cette ville, fameuse par tant de butin qu'elle à fait sur nous, ne passe en d'autres mains. Mars ne s'est pas encore déclaré: puis-

que

que l'évenement de cette guerre est suspendu & incertain. Lorsque ce Dieu se sera déclaré, je me rejoüirai, ou je m'affligerai avec vous; je souhaite que ce soit le premier; comme aussi que vous vous portiez bien, & que vous assûriez, s'il vous plait, de mes civilitéz le tres Illustre Junius. Madame votre Epouse, vos freres, vos parens, plusieurs de vos amis & entr'autres mes enfans, vous saluent. A Amsterdam le 18. Juin, 1638.

G. BARLEE.

LETTRE XXIII.

De M. G. Barlée a M. J. Vicquefort.

MONSIEUR,

Nous vous écrivimes il n'y a pas long tems, & nous vous accompagnames en esprit & en désir quand vous vous en alates en France, & quand vous passates de là en Allemagne aupres d'un tres grand Capitaine. A présent que vous êtes de retour d'aupres de lui, nous vous attendons de jour en jour, & nous souhaitons de vous voir & de vous embrasser dans ce païs où vous avez ce que vous aimez le le plus, je veux dire, votre chere Creüſe, vos freres, & un de vos intimes amis. Cette chere Epouſe compte avec beaucoup d'empreſſement les mois, les jours & les heures du tems de votre abſence; elle ſouhaiteroit, ſi je ne me trompe, que vos affaires, & vos voïages pûſſent être achevés en un moment. L'amour ne pouvant ſouffrir de retardement trop long, ſouhaite que le mouvement ſe faſſe en un inſtant; la Philoſophie au contraire nie que cela ſe puiſſe faire. Je ne doute point cependant que vous ne ſouhaitiez de revoir votre Hollande & vos Hollandois, à préſent que le fort de la guerre eſt paſſé & que Mars ne cauſe pas de ſi grands troubles. Depuis la défaite de Flandre, & la tentative inutile qu'on a faite contre le Païs de Wacs, nos gens, non plus que les ennemis, n'ont rien fait de conſidérable. Le Cardinal Infant contre la coûtume de la guerre traite fort mal les priſonniers qu'il a faits ſur nous; ce qui en a obligé pluſieurs de quitter notre ſervice, & de prendre parti dans les troupes d'Eſpagne; on ne croit pas même qu'il les renvoie avant la fin de la campagne; Ce procédé irritera ſans dou-

doute notre Général, & fera que dans de semblables occasions il n'aura pas tant de clèmence & de bonté pour les ennemis qui seront faits prisonniers. Les François ont levé le siége de devant S. Omer, avec peu de gloire, & honteusement, comme on dit. Ils ont mieux aimé être défaits peu à peu, & enveloppés, que de ne pas vaincre promptement. On dit pour assûré, que les Impériaux ont pourvû Brisach de munitions de bouche. Dans le Milanés les Espagnols ont repris Verceil. La consolation qu'on a parmi tant de malheurs est que les Pirates de Donquerque sont resserrés dans leurs ports, & ne peuvent plus faire de prises, comme ils avoient accoûtumé. Le Lieutenant Amiral des Etats fait tout son possible pour empêcher qu'il ne sorte aucun vaisseau des lieux qui sont sur les côtes de Flandre, & il n'y a pas long tems que, par une action digne de loüange, il fit échoüer sur des bancs de sable, & sur des basses quelques navires qui tâchoient de sortir. Tellement que nos marchands & nos matelots peuvent à présent naviger en assûrance. Dans le nouveau Monde le Comte Maurice s'est rendu maitre de quelques Iles qui sont vis à vis de la Baye de tous les ſaints. On ne croit pas néanmoins qu'il ſe rende maitre de la ville de S. Salvador, à cauſe de la forte garniſon qu'il y a. Les plus ſages croïent qu'on poura plus tôt réduire cette place par la famine que par les armes. Il eſt arrivé des Indes Orientales ſept grands vaiſſeaux richement chargés: L' Eſpagnol a par tout affaire, ou contre nos ſoldats, ou contre nos marchands. Il ſe rüine dans la guerre & dans le commerce. Notre République, & les particuliers qui la compoſent, combattent contre lui, & il n'y a preſque point de Citoïens qui ne ſuppléent ce qui manque au fond plublic. Nos vaiſſeaux ont blocqué le port de Goa ſituée ſur les Frontieres de l'Aſie, & la Métropolitaine des villes qui appartiennent aux Portugais, pour empêcher que leurs Gallions ne retournent à Lisbonne. En un mot nous avons eu cet été plus de bonheur dans les païs éloignés, que dans ceux qui ſont proche de nous, & la fortune ne nous a pas ſuivis par tout. Vous avez ſû que le Prince de Condé avoit pris dans un Port d'Eſpagne quelques vaiſſeaux de charge, & s'étoit emparé

paré d'une grande quantité d'armes. C'est ainsi que les Espagnols sont victorieux des François en un endroit, & que dans un autre les François le sont des Espagnols. Cette diversité de succés dans la guerre fait que les uns & les autres sont tantôt dans la joie & tantôt dans la tristesse. Nous sommes ici dans les vacations, à cause des chaleurs de la Canicule les quelles obligent les Professeurs fatigués de cesser leurs éxercices. Pendant ce tems-là je m'en vais tantôt au Beemstre, tantôt à Muyde, & tantôt ailleurs chez mes Amis, pour m'y divertir, & y chercher le contentement & la joie, que je ne trouve pas à la maison. Adieu, Monsieur & tres cher Ami. A Amsterdam le 28. Juillet 1638. G. BARLEE.

LETTRE XXIV.

De M. G. Barlée a M. J. Vicquefort.

MONSIEUR,

J'ai reçû la lettre que vous m'avez écrite de Bâle, par laquelle vous me donnez des marques de votre ancienne & sincere amitié pour moi. Vous me mandez avoir reçû trois des miennes, quoi

quoi que je vous en aïe encore écrit quelques autres. Je vous aurois même écrit plus souvent, mais nos mauvais succés m'ont fait tomber plus d'une fois la plume de la main. Comme je n'avois rien d'agréable à vous mander, je n'ai pas voulu vous entretenir de choses tristes & affligeantes. Nous avons cet été eu par tout du désavantage, & il n'a pas plu à Dieu de faire réüssir nos entreprises. Ainsi comme tout le Public étoit affligé, j'ai cru que je devois aussi en mon particulier garder le silence. Mais hélas! nous avons appris par une funeste expérience, que le Dieu Mars n'étoit pas toûjours le même, & que le Laurier qui se mêt sur la tête des victorieux n'est pas toûjours sur celle de leurs Hautes Puissances. C'est ainsi que vont les choses de ce monde. Les avantages que remportent les Princes sont de tems en tems suivis de disgraces & de malheurs, pour nous apprendre à ne nous pas trop confier sur les forces des hommes. Cependant nous félicitons tous le tres Illustre Duc de Veimar sur ses bons succés. C'est le seul de l'Europe qui triomphe de la maison d'Aûtriche. Nous avions

vions afſiégé Gueldres, mais les ennemis étant ſurvenus tout incontinent, nous avons levé le ſiége apres avoir pris le fils du Prince de Portugal. La Reine Mere Marie de Médicis arriva en cette ville le premier jour de ce mois. Elle fut reçûe par l'Auguſte Sénat & par la Bourgeoiſie avec toutes les marques d'honneur dûes à ſa qualité. Lorſqu'elle fut proche de cette ville, une Compagnie de Cavaliers, qui ſe faiſoient remarquer par leurs Chevaux caparaçonnés, en ſortit pour aller à ſa rencontre: Car elle n'alloit pas à un combat ni à la guerre, mais pour recevoir honnorablement & d'une maniere convenable une tres Auguſte Epouſe d'un grand Monarque, Mere de trois Rois, iſſue d'Empereurs par ſa Mere, & des Ducs de Toſcane par ſon Pere. Toutes les Compagnies des Bourgeois, aïant eu ordre de ſe mettre ſous les armes, la ſuivirent à ſon entrée. On repréſenta pluſieurs ſpectacles; on éleva des Arcs de Triomphe; & on fit pluſieurs décharges d'Artillerie en divers endroits de la ville, où l'on avoit mis du Canon, ce qui rendoit cette entrée fort belle & fort agréable. Parmi les ſpectacles on voïoit Berecynthie la Mere des Dieux aſſiſe dans un chariot ; la conceſſion que l'Empereur Maximilien fit de la Couronne Impériale à cette ville; Neptune & les Néreïdes qui complimentoient cette Reine ſur ſa venue ſur les eaux ; la cérémonie de ſon mariage avec le Roy Henri IV. & pluſieurs autres choſes qu'il ſeroit trop long de rapporter. Les Directeurs de la Compagnie des Indes Orientales l'ont régalée d'une maniere tout à fait rare & extraordinaire. Pour mets on lui ſervit de toutes les ſortes d'Aromates que l'Orient produit, dont les uns étoient agréables par leur goût, les autres par leur odeur, les autres par leur couleur, & les autres par toutes ces qualités enſemble. Pour moi, le ſeul bruit que j'ai fait parmi les autres, a été une petite Epigramme que j'ai pris la liberté de dédier à cette tres Auguſte Reine ; voici ce que cette Epigramme contient : De même qu'autrefois Berecynthie, illuſtre pour avoir été la Mere de tant de Dieux, fut portée dans un Char, par les villes de Phrygie, entrez Grande Reine, ſous d'hûreux auſpices dans notre ville, & conſidérez ce qu'elle

vous

vous dit par ma bouche. Ce Port, ces Maisons, ces Tours, ces Vaisseaux, & ces Temples que vous voïez, sont des monumens de mon bonheur. Je vais çà & là sur la Terre & sur l'Eau: le Monde m'envoïe ses présens, & ils sont ici exposés en vente: j'ai eu le bonheur de recevoir de votre Tris-aïeul la Couronne Impériale, & votre race m'a comblée de gloire. Rappellez, o grande Reine, ce bienfait dans votre esprit; & en conservez toûjours le souvenir. C'est ainsi que j'ai eu le bonheur de plaire à votre Epoux qui m'a protégée contre mes ennemis, & que j'ai encore aujourd'hui le même avantage à l'égard du Roi votre fils. Que si c'est quelque chose de plus considérable d'avoir enfanté des Dieux, des Rois, & des Ducs, qu'il me soit maintenant permis de plaire & d'être agréable à la mere de tant de Dieux. Nous attendons tous votre retour avec impatience; ne nous faites pas souffrir davantage en demeurant plus long tems absent. Je ne pense pas que vous receviez de nouveaux ordres pour aller autre part, avant que de revenir chez vous. Plusieurs choses, que vous & votre famille, vous connoissez mieux que moi, vous apellent ici. Tous ceux de votre maison se portent bien. Tous vos amis qui sont en grand nombre, & qui prennent beaucoup de part à ce qui vous touche, vous font leurs civilités. Adieu, Monsieur mon tres cher & tres fidele Ami. Ne m'écrivez plus, mais venez. A Amsterdam, le 16. Septembre. 1638.

G. BARLEE.

LETTRE XXV.

De M. G. Barlée a M. J. Vicquefort.

MONSIEUR,

J'ai eu un pied dans la Barque de Caron, mais il a plu à la Divine bonté de m'en retirer contre toute espérance. Une fiévre quarte opiniatrée m'a pendant quatre mois tellement affoibli & miné par de tres violens Paroxysmes, qu'aïant perdu toutes mes forces, plusieurs personnes ont désespéré de ma santé. Mais l'affection que j'ai pour mes enfans, dont il me sembloit fort rude d'être séparé, & le souvenir que j'ai continuellement de vous, m'ont soutenu

&

& fortifié dans les intervalles de la fievre & dans ses symptomes. Je regardois comme une injustice du Destin, d'être obligé de quitter ce Monde avant que vous fussiez de retour: Car votre longue absence fait de la peine non seulement à Madame votre chere Epouse, & à vos freres, mais encore à moi qui puis, & souhaite, passer pour votre frere adoptif. Voïez combien de conséquences je tire de notre amitié, & quelles elles sont. Je vous aurois écrit plus souvent; mais comme j'ai été obligé pendant un fort long tems de garder le lit, je n'ai pu m'acquitter de mes devoirs ordinaires. Je nai pas laissé néanmoins de vous écrire six lettres; mais je ne sçai point si vous les aurez toutes reçûes. A présent que je suis, par la grace de Dieu, sans fievre, je vais recommencer à vous écrire, mais d'une main tremblante, tant mon corps est infirme & languissant. Je ne sors point encore de chez moi à cause du froid, & de crainte de retomber. La prise de Brisach apres un long & pénible siége n'a pas donné de la joie aux seuls Allemands & François victorieux, mais aussi aux Hollandois qui sont plus éloi-

éloignés, & à moi en particulier, qui vous félicitois, de ce qu'en ce tems-là, & dans la conjoncture présente des affaires, vous étiez arrivé aupres d'un tres grand Capitaine, dont le bonheur a secondé le courage. En effêt il s'est acquis beaucoup de gloire, & a mérité l'applaudissement de toute l'Europe, en soutenant seul avec loüange durant cet été l'honneur de la guerre, & en triomphant tant de fois de ses ennemis, quoiqu'il n'eût que tres peu de monde : car il n'a pas laissé de rompre, de mettre en fuite, & de vaincre l'Armée Imperiale, quoique beaucoup superieure en nombre à la sienne, & enfin au milieu des dangers de la guerre, apres tant d'attaques & d'efforts des ennemis, & dans le coeur de l'hiver, de forcer une ville, qui n'avoit jamais pû être prise, de se rendre à lui. J'ai sçû avec plaisir, Monsieur, que vous aviez été le témoin d'une si grande victoire, & que vous aviez été envoïé par ce Général qui a beaucoup d'affection pour vous, pour en porter la nouvelle au Roi de France. Comme cette Députation est glorieuse pour vous, & pour votre famille, elle pourra aussi,

si

si je ne me trompe, vous procurer d'honnêtes avantages. Aïant été nourri parmi les Muses & les belles lettres vous avez recherché les Aigles & les récompenses de la guerre, & comme un éleve de la Paix & de Phebus, vous avez suspendu dans les Temples les riches dépouilles du séditieux Mars. Que vous êtes différent de ce que vous étiez, lorsque vous aviez coûtume de vous promener familierement avec moi, & de parler de vos études. M. Pierre Cunée l'ornement de l'Université de Leide, & mon Cousin, mourut il y a six semaines, de la fievre qui l'avoit pris en Zélande, & qui le mit au tombeau dans le tems qu'il avoit repris ses forces, & qu'il sembloit être presque guéri. Sa femme aïant été attaquée d'une même fievre, & languissante de tristesse, suivit hier son mari, laissant cinq enfans dont elle est fort regrettée. Parmi ces morts de mes amis, peu s'en faut que la mienne ne s'y trouve. J'ai fait l'Histoire de la congratulation publique du Sénat & de la ville d'Amsterdam à la Sérénissime Reine de Médicis, lors qu'elle fit son entrée dans cette ville. Elle est imprimée aux dépens du public chez Blaau avec des figures, & elle paroitra au premier jour. On en envoïe en Angleterre quelques éxemplaires magnifiquement reliés ; & je ne doute point que nos Magriſtrats n'en envoïent pareillement en France au Roi tres Chretien, & au Cardinal. Je vous enverrai aussi, & à M. Grotius, chacun un éxemplaire. J'ai fait ce petit ouvrage contre nature, & dans un tems que ma fievre augmentoit de jour a autre; c'eſt à dire, lorſque j'étois agité de chagrin & dans le trouble. Vous excuſerez donc, s'il vous plait, ſi je n'ai pas exprimé d'une maniere aſſez noble & ſublime ce que j'y dis d'une Reine, & des honneurs qu'on a rendus à ſa Majeſté. J'ai fait cet ouvrage à la ſollicitation de quelques perſonnes dont les prieres ſont comme autant de commandemens pour moi. Adieu, Monſieur & tres cher ami; aiez ſoin, je vous prie, là où vous étes, d'inſinuer votre Barlée dans les bonnes graces de ceux que vous ſçavez être les protecteurs & les conſolateurs des perſonnes de lettres. A Amſterdam, le 20. Janvier 1639.

G. BARLEE.

LET-

LETTRE XXVI.

De M. J. Vicquefort a M. G. Barlée.

Vous direz sans doute, Monsieur & tres cher ami, que je ne me souviens plus de vous, ni de Madame votre chere Epouse; mais j'espere aussi que vous m'excuserez quand vous sçaurez les empêchemens qui me sont survenus tous les jours dans le tems que je croiois partir. Il y a déja plus d'un mois que je suis arrivé en cette Ville, où le Sérénissime Prince Bernard Duc de Saxe m'a envoïé pour avoir soin de quelques affaires qui le regardent de même que les Alliés. Je croïois en être débarassé en quinze jours, ou trois semaines; mais bien loin d'être fort avancé, je ne vois pas que je puisse patir avant la fin de Février. Vous aurez sçû, sans doute par le bruit commun, l'illustre victoire que le Prince qu'on ne sçauroit jamais assez loüer, a remportée sur les ennemis. Qui à jamais plus vaillamment combattu, ou triomphé plus hûreusement? De si grands exploits de ce Héros méritent d'être mis dans l'histoire par un esprit au dessus du vulgaire, pour apprendre à la postérité que

que notre ſiécle n'a pas manqué de beaux arts, & que le vice commun aux grandes & aux petites villes, l'ignorance de l'équité, & l'envie, a été pluſieurs fois ſurpaſſé par quelque grande & illuſtre vertu. Si mes prieres, & l'amitié qûi eſt entre vous & moi, peuvent quelque choſe auprés de vous, vous me ferez plaiſir de mettre quelque choſe au jour, ſoit en vers ſoit en proſe, pour éterniſer les belles actions de ce grand Capitaine. Je reçus avant hier une lettre de Monſieur Johvius qui vous fait ſes baiſemains. Il me mande que le Prince, apres avoir pris les forteresses de Landſcroon & de Bourg, s'étoit retiré en quartier d'hiver du côté de la Franche-Comté. C'eſt tout ce que nous avons ici de nouveau. Je vous ſouhaite une bonne ſanté, & je vous prie d'excuſer le peu de politeſſe de ma lettre. Saluez, je vous prie, le tres illuſtre Voſſius. A Paris le 29. Janvier de l'année 1639. de laquelle je vous ſouhaite un bon commencement & une hûreuſe fin, avec toute ſorte de proſpérité pour toûjours. Je ſalüe auſſi toutes vos filles, & votre fils Gaſpar, & je me réjoüis avec eux de ce que vous étes en meilleure ſanté.

LET-

LETTRE XXVII.

De M. J. Vicquefort a M. G. Barlée.

MONSIEUR,

Je suis si occupé d'affaires qu'a peine ai-je le tems de vous écrire. Je ne sçaurois néanmoins m'empêcher de vous marquer l'extréme joie que j'ai eue d'apprendre, de ceux de votre Maison, que votre santé étoit rétablie. Si j'étois aupres de vous je sacrifierois un Coq à Esculape, & je ferois des voeux pour la conservation d'un si bon ami ; mais je ne suis pas assez hûreux pour cela. Il me faudra encore demeurer environ un mois à la Cour, & attendre ce que mon Prince aura résolu de faire apres une mûre délibération. Vous aurez sans doute entendu dire avec quel courage, apres être entré en quartier d'hiver, il a contraint plusieurs villes de Bourgogne, à obéir à ses ordres. Depuis il s'est rendu maitre de Pontarlier, de Nozeret, de S. Claude, & de quelques autres villes assez importantes. Ce que je trouve de plus considérable, c'est qu'il a trouvé dans ces places une si grande quantité de vivres qu'il y en y en a suffisamment pour entretenir une armée. Quel courage pensezvous que cela donnera aux François qui avec un grand nombre de troupes n'ont rien fait pendant toute cette campagne. Quelle résolution croïez vous que cela inspirera aux autres, à qui notre Prince, au sentiment de toutes les personnes non prévenues, a ravi l'honneur de la victoire. Il y a long tems que j'avois entendu dire que vous étiez l'auteur des actions de graces publiques de la Reine Mere; mais avec votre permission je n'en attendrai point de Copie. Mon Frere Gaspar aura soin de ce qui concerne le tres Illustre Grotius. Il vous salüe, comme je fais aussi avec toute ma famille. Adieu, Monsieur & le plus cher ami que j'aïe au monde: Aïez bien soin de votre santé. A Paris le 12. Fevrier 1639. Votre

J. VICQUEFORT.

Saluez, je vous prie, de ma part & le plus tôt que vous pourez, le tres Illustre Vossius.

LET-

LETTRE XXVIII.

Pour Leide.

MONSIEUR,

Ce que vous me mandez de votre voïage m'a donné une telle joie qu'hier apres l'avoir relu, une grande partie de la mélancolie, que le malhûreux succés de l'entreprise de Feuquieres sur Thionville m'avoit causée, vint à se dissiper. Quel chagrin, à votre avis, ne dois-je point avoir eu en recevant cette triste nouvelle, puisque les quatre Régimens de Cavallerie que mon Prince avoit envoïés auront eu apparemment le même sort que les François. On écrit d' Anvers que dans cette défaite trois mille François effectifs avoient été faits prisonniers, & qu'il y en avoit eu sept mille de tués: ce qui est confirmé, si on en doit croire les ennemis, par les lettres de Picolomini même au Cardinal Infant. L'Artillerie & le bagage sont demeurés au pouvoir des ennemis, & Feuquieres lui même a été blessé & mené prisonnier dans Thionville. Les François seront hûreux s'ils peuvent réparer cet affront par la prise d'Hesd'Hesdin, mais, à ce que je vois, il se forme un bien plus grand orage. Le même Picolomini s'est mis en marche pour renforcer le Cardinal, & pour secourir avec lui cette place, ce qui ne sera pas difficile à faire, si le Maréchal de Châtillon avec son corps d'armée ne joint pas assez tôt le Maréchal de la Milleraie, & que tous deux ensemble ne préviennent pas les ennemis. Que pensez vous que le Prince d'Orange poura entreprendre dans une si triste conjoncture? Sera-t-il plus avantageux de se tenir sur la défensive, en mettant des garnisons dans les places Frontieres, que d'agir offensivement. Mais les François s'en plaindront hautement, & nous imputeront tout le mal. Ils ne cesseront point non plus de solliciter le Prince, jusques à ce qu'ils l'aïent engagé à former quelque siége, ou à faire quelque invasion qui puisse les aider à se remettre. Nous n'avons rien de certain d'Allemagne touchant Bannier. On parle de quelques avantages qu'on a eus, à ce qu'on dit; qu'on a défait dix Régimens Impériaux, & qu'on s'est rendu maitre des deux parties de Prague, qu'on appelle la vieille & la nouvelle Ville;

le ; mais comme ceux de Cologne & de Francfort nous ont quelquefois débité des fables pour des vérités, il vaut mieux les croire demain qu'au jour d'hui. Je souhaite de tout mon coeur qu'en attendant vous soiez sans tristesse avec vos amis. Tous les notres vous saluent avec la même affection que vous les avez saluës, principalement ma soeur Smith, & ma femme. J'irai, s'il plait a Dieu, apres demain avec elles à Swartesluis, jusques où nous accompagnerons ma soeur. C'est un devoir que je ne puis pas refuser à l'amitié qui est entre elle & moi. Adieu encore une fois. A Amsterdam, le 15. Juin 1639.

LETTRE XXIX.

De M. J. Vicquefort a M. G. Barlée.

Pour Utrecht.

VOus joüissez, Monsieur, du bon air du Païs d'Utrecht pour, étant debarassé de l'étude & des soins domestiques, récréer votre esprit par d'agréables conversations avec vos amis. Pour moi, je me suis retiré dans mon Cabinet, afin qu'éloigné du commerce du monde, j'aj'adouciſſe par la ſolitude la douleur inexprimable que je reſſens. Helas! la Parque m'a ravi ſoudainement le Prince que vous aviez il n'y a pas long tems immortaliſé par de tres beaux vers. Cet accident ne fut pas plus tôt venu à ma connoiſſance que je fus ſaiſi d'une conſternation ſi grande que la vie me ſembloit fâcheuſe & déſagréable. Vous ſçavez que l'on ne ſoutient qu'avec beaucoup de peine les efforts d'un ennemi qui nous attaque à l'impourvû, & que les coups de la fortune ſont d'autant plus rudes qu'on s'y attend le moins. Certes il auroit fallu que j'euſſe été dépourvû de tout ſentiment d'humanité, ſi je n'avois eu une extreme triſteſſe, lors que je reçus cette nouvelle. Je penſe ſi fort à l'affection que ſon Alteſſe avoit pour moi depuis long tems, & au dernier entretien que j'eus, par un effêt de ſa grace, avec elle, quoique je fuſſe indigne d'un ſi grand honneur, qu'il m'auroit été plus doux de n'avoir jamais eu tant de part en ſes bonnes graces. Un des plus grands malheurs eſt d'avoir été hûreux, & ſi j'examine bien toutes choſes, Dieu n'a voulu que je fuſſe favoriſé d'ud'une si longue bienveillance, que pour m'affliger davantage, en m'en privant, & en changeant les affaires. Je ne vous dirai rien de la bonté & de la libéralité dont ce Prince si obligeant a usé en mon endroit, puisque vous me les avez entendu loüer plusieurs fois : elles étoient telles que je devois en espérer un jour de grands biens & des honneurs considérables. Mais la perte que fait l'Etat est encore plus grande. Tous les Citoïens, & tous ceux qui aiment la paix, ont perdu un Prince sur lequel rouloit leur plus grande espérance du repos & de la tranquillité publique. L'Armée est dénuée d'un chef, sans qu'elle en puisse jamais trouver un pareil pour mettre en sa place. On veut que ce sage & prévoïant Prince un peu avant sa mort a laissé ce soin au Roi de Suede ; mais si les François n'approuvent pas cette prérogative, que croïez vous qu'il en arrivera, si ce n'est que les Confédérés, jaloux les uns des autres, & se haïssant mutuellement, ou se désuniront, ou du moins laisseront échapper l'occasion de bien faire, & la donneront aux ennemis. Quoi qu'il en soit, toute l'Allemagne & toute la France font

font une perte irréparable en perdant ce Prince. Plusieurs pendant son vivant, ont haï sa vertu, mais depuis qu'elle n'est plus exposée à leurs ïeux, ils tâcheront par envie à l'acquerir, & même la loüeront en la pleurant avec tout le monde. La gloire des belles actions de ce Prince sera éternelle, & les siécles à venir ne l'oublieront jamais. Comme vous avez pendant sa vie consacré magnifiquement sa mémoire par vos écrits, il est juste qu'apres sa mort vous célébriez aussi ses funérailles avec la même vénération. A Amsterdam le 5 Aoust 1639.

Votre. . . .

J. VICQUEFORT.

LETTRE XXX.

De M. G. Barlée a M. J. Vicquefort.

Pour Leide.

MONSIEUR,

Vous avez raison de m'avertir, que j'ai demandé plus d'intérêt qu'il ne m'en étoit dû. Je m'étois trompé dans le calcul, en mettant cinquante pour vingt-cinq. J'ai marqué la même chose au Sindic Weyclinkovius, à qui vous donne-

donnerez, s'il vous plait, cette quittance pour l'autre. Ma femme se porte un peu mieux au jourd'hui mais néanmoins elle ne sera pas tout-à-fait éxempte d'accés de fievre, si une personne peu entendue, comme je suis, peut juger des simptomes. Je ne désespere pas pourtant de l'en voir bien tôt délivrée, parce que sa fievre tierce s'est changée en double tierce, & en intermittente. Votre absence nous inquiete, & nous ne pouvons conjecturer d'autre raison de votre long séjour chez la Riviere, & de votre solitude de Langerode, sinon que vous étes amoureux de quelque veuve ou vieille ou jeune. Si vous voulez sçavoir l'avis de ma femme, elle ne vous conseille point du tout d'en prendre une jeune, & croit qu'un tel dessein ne s'accorderoit pas avec ce que vos enfans attendent de vous: pour moi, je ne pense pas que vous en deviez prendre une qui soit avancée en âge, sur tout si elle a beaucoup d'enfans, puisque vous serez assez tourmenté d'ailleurs. De cette maniere, si vous examinez bien toutes choses, il y aura du danger des deux côtés. Les affaires des Catalans ont été dans un fort mauvais état, mais la la révolte du Portugal leur a été si favorable que la tempête, qui les menaçoit d'un grand changement, est, sinon tout-à-fait appaisée, au moins fort diminuée. On écrit aussi que leurs Députés ont prié le Roi Tres Cretien de leur envoïer un secours moindre que celui qu'il avoit résolu de leur donner, ce qui fait voir qu'ils n'ont plus tant à craindre. Nous n'avons rien de Portugal, si ce n'est que Philippe a mis à grand prix la tête du Roi Jean, & que ce dernier, à ce qu'on dit, a fait la même chose à l'égard du Comte Olivarez. On a interdit à ceux de Sedan tout commerce avec la France, parce qu'ils ont reçû dans leur Ville le Comte de Soissons, qui ne veut comparoitre devant le Parlement qu'a condition qu'on lui donne des sûretés de n'être point mis en arrêt. Le Roi au contraire veut absolûment qu'il vienne, & prétend qu'il lui doit suffire qu'il le veut ainsi. On croit que les Présidens le Bailleul & de Mesmes qui ont été relégués, l'un en Normandie, & l'autre en Poitou, favorisoient le parti du Comte. On croit aussi que le Duc de Vendôme reviendra en Cour, parce qu'il

sou

soutient qu'on ne doit pas admettre contre un Prince de son rang une accusation d'Hermites qui ont déja été convaincus d'autres crimes. Quelques uns sont d'avis qu'il se retirera aussi a Sedan. Monsieur de Beverwerd est attendu dans peu de jours à la Haie avec des ordres du Roi qui pouroient bien donner lieu à un second voïage. Je vous souhaite toute sorte de satisfaction aupres de vos veuves. A Amsterdam le 11. Fevrier, 1640.

J. VICQUEFORT.

LETTRE XXXI.

De M. J. Vicquefort a M. G. Barlée.

Pour Leide.

MONSIEUR, & le plus aimable de tous mes Amis.

Le même jour que vous partîtes d'ici, je recûs de Monsieur Brasset le Panégirique de l'Etoile ci-inclus. J'ai jugé à propos d'y joindre les Lettres Latines de Balzac imprimées avec les Françoises. Le tres Illustre Wouwius vous fournira encore d'autres choses de même sorte, ou qui pouront au moins vous être

 de

de quelque usage. Les ordres de ma Princesse m'obligent de me rendre incessamment à l'armée auprès du Prince d'Orange; de là j'irai peut-être à Calcar, d'où je ne crois pas pouvoir être de retour avant la fin de cette semaine. Cependant je vous souhaite une bonne santé & toute sorte de satisfaction & de bonheur, même jusques à donner de l'envie. A Amsterdam le 29. Juillet, 1640.

J. VICQUEFORT.

Assûrez de mes services, si cela ne vous incommode point, le tres noble Shonckius, & Salüez de ma part tous nos autres amis, sur tout les tres nobles Baillis, le Seigneur de Berg, & vos cheres Veuves, avec lesquelles, si vous retranchez quelque partie du jour, prenez garde de ne pas oublier les caresses & les baisers. On dit pour certain que la Flotte des Indes est arrivée à Seville, sans avoir reçû aucun dommage. Nos gens, & les Portugais, auroient pû s'en rendre maitres, si quelque engourdissement fatal ne se fut emparé de l'esprit des Etats. La multitude expédie lentement les affaires.

LET-

LETTRE XXXII.

De M. J. Vicquefort a M. G. Barlée.

MONSIEUR,

Comme Monsieur le Sindic Wevelinckhovius doit me païer dans le mois prochain quinze cens florins pour Monsieur de Saumaise, vous me ferez un extreme plaisir de sçavoir de lui, quand il faudra que je lui en envoïe un recû. Si vous demeurez à Leide jusqu'à ce tems-la, je vous prierai de me rendre le même office que l'année derniere. Adieu encore une fois.

J. VICQUEFORT.

Comme j'ai dessein de me rendre aupres du Prince, j'ai crû que je ne ferois pas mal de vous envoïer à tout hazard le billet de reçû.

LETTRE XXXIII.

De M. G. Barlée a M. J. Vicquefort.

MONSIEUR,

Je suis ici sur le bord du Rhin entre le lieu ou les Romains camperent autrefois, & des forts. J'y pense souvent que les Roïaumes & les Empires ne détournent & ne changent pas moins de place, que les Rivieres. Le lit du Rhin n'est pas par tout le même qu'il a été autrefois, & la disposition de l'Empire n'est pas, en ces quartiers, la même qu'elle a été sous les Empereurs. Les noms imposés par les Romains y sont à présent inconnus, ils s'en sont allés, & se sont évanoüis avec les fleuves; l'autorité même & la domination Romaine y a été entierement abolie. Nous tenons sous le nom d'Etats & de Provinces libres ce Païs qui a été autrefois possédé par ceux du Latium. Je respire en ce lieu un air fort propre pour rendre un esprit tranquille, pour dissiper le chagrin, pour réveiller les sens engourdis, & pour exciter la paresse. J'ai été à la Haie, où, en l'absence de mon cher ami M. Huigens, j'ai vû & visité sa maison, qu'on peut dire être bâtie selon les règles de Vitruve. J'y ai vû des Cours quarrées, des degrés larges & commodes, & des spheres élevées sur les quatre cheminées, qui semblent reprocher à la Cour sa fumée. J'y ai vû aussi le jardin qui est d'une figure triangulaire, mais

assez

assez mal faite à cause de la situation du lieu ; j'y ai vû enfin les Ecuries, les greniers, les celliers, les caves, & la Bibliotheque, apres quoi je disois en moi-même, voilà un Palais qui convient fort bien au Sécretaire du Grand Nassau ; voilà une Maison qui est soutenue par une Noblesse considérable par plus d'un tître & d'une raison. Arrangez, ô Vitruve, & disposez les pierres de cet Edifice, son Illustre Maître qui y fait sa demeure le rendra éternel. J'ai vû encore pendant que j'étois-là les faitages élevés du Comte Maurice qui, dans le tems qu'il combat dans l'Occident, bâtit dans le Septentrion, & se fait un Palais commode & glorieux tout ensemble. J'ai vû aussi le Palais du Prince à Ryswich, & j'ai été surpris des belles & grandes marques de la magnificence des Princes d'Orange que j'y ai apperçûes. L'ouvrage y répond à la dépense qu'on y a faite, de même que la dépense répond a l'ouvrage, ce qui fait la perfection d'un bâtiment. De là étant allé à Leide, j'y ai parlé a des personnes sçavantes qui ne sont pas toutes de même humeur : j'ai été reçu avec grand appareil par M. le Ba-

 ron

ron Kinsky qui s'eſt informé de votre ſanté avec beaucoup d'empreſſement & de marques d'affection. Il vouloit me retenir a dîner, mais comme j'avois déja dîné ailleurs, je fus fort marri de ne pouvoir pas le ſatisfaire, Je ſuis à préſent chez M. Schonckius dont les terres & les métairies croiſſent & augmentent avec les arbres & les plantes, par le moïen des grandes acquiſitions qu'il a faites. Parmi les plaiſirs, la joie, la réjoüiſſance, les ris, & les divertiſſemens que je prens avec mes amis, une choſe me fait de la peine; c'eſt d'être, par un effêt de mon deſtin, privé de vous voir, & que mon bonheur ſoit diminué par une fâcheuſe diſcontinuation de votre amitié. Je dînai hier avec M. le Bailli de Muyde & M. Hooſd chez M. Surckius. Demain j'irai voir l'Illuſtre M. Camerarius qui m'a fait prier fort honnêtement par ſon fils de me rendre à Alphen. De cette maniere apres avoir fait mon tour chez des perſonnes de toutes ſortes de conditions, dans un tems où je n'ai rien à faire, & que mon eſprit eſt dégagé de ſoins & d'inquietudes, je reviendrai, avec l'aide de Dieu, chez moi,

moi, & aupres de vous, Monſieur, ſur la fin de cette ſemaine. Voilà ce que j'avois à vous dire du voïage que j'ai fait, & ce qui en eſt comme l'hiſtoire & le récit. Quand je ſerai aupres de vous, je vous dirai les complimens & les baiſe-mains que vous font des perſonnes tres conſidérables & tres Savantes. Adieu, Monſieur, & le plus cher de tous mes amis. Ecrit à la hâte, à Coukerck le 13. Juin. 1639.

G. BARLEE.

LETTRE XXXIV.

De M. G. Barlée a M. J. Vicquefort.

JE l'avoue, Monſieur, dans cette joie publique de la Patrie a cauſe de la naiſſance du fils du Prince, il ne me ſera pas difficile, comme vous le dites fort bien, d'obtenir de mes Muſes un témoignage public de la joie qu'elles en ont. Outre la congratulation aux Illuſtres Ambaſſadeurs de leurs Hautes Puiſſances, & même à celui dont vous me parlez dans votre lettre; outre la fiction pleine d'eſprit du tres éloquent Braſet, je vous envoïe deux Epigrammes que j'ai faites de grand matin vers le point du jour. La premiere est de moi: la seconde, si vous regardez le sujet, est de M. Braset, mais si vous considérez la disposition & les mots, elle est de votre Barlée. Donnez, s'il vous plait, votre approbation & votre applaudissement à l'une & à l'autre, comme vous avez coûtume de faire à tout ce qui vient de moi. Je ne veux pas dérober au tres sçavant M. Braset, & m'attribuer malgré lui, une chose qu'il a faite. Mais s'il veut par transaction, par achapt, par prest réciproque, par emprunt, ou par donation entre vifs, qu'elle soit la mienne, je la joindrai au Poeme que j'ai fait sur la défaite de la flotte d'Espagne. Que s'il veut bien me permettre de l'acheter, je racheterai cette bonté par une autre Epigramme lorsque l'occasion s'en présentera. Si j'étois de l'ordre de la Toison d'Or, je lui enverrois des pelotons de cette précieuse laine. Maintenant je rachêterai cette piece toute d'or, par les richesses des Muses, & par un tres honnête remerciment; ma joie seroit entiere & au delà de ce que je puis espérer, si vous y joigniez votre recomman-

dation

dation aupres de l'Agent de France. Je souhaiterois bien de vous voir à onze heures chez le Peintre Baudringenius, afin que vous voïez avec quelle gravité & quelle patience je me tiendrai assis quand ce Peintre me tirera. Il m'a représenté si au naturel, que je doute si je suis l'original ou le portrait. Adieu Monsieur, aimez moi toûjours. A Amsterdam le 2 Decembre 1639.

G. BARLÉE.

LETTRE XXXV.

De M. G. Barlée a M. J. Vicquefort.

MONSIEUR,

J'ai ménagé une grande partie de cet Eté pour me divertir avec vous. Pendant que les Puissances se font la guerre, & que l'ambition non contente de ses bornes dévore des Roïaumes & des Villes, la modération que nous sçavons donner a nos désirs, fait que nous joüissons d'une joie qui égale le bonheur des Dieux. Vous avez lû dans Homere lors que vous étiez jeune, que Jupiter las des soins du monde alloit de tems en tems chez les Africains & les Ethio-

Ethiopiens pour faire la débauche avec eux. Vous avez lû, que tantôt il s'en alloit dans l'Ile de Candie où il étoit né, pour y passer quelque tems à la campagne; tantôt que ne se souciant pas de Junon il se retiroit sur le bord du fleuve Pénée dans le Païs de Tempé en Thessalie. Que si les Dieux donnent dans ces plaisirs, pourquoi nous autres, dont la joie est mêlée de tems en tems d'une tristesse qui rend notre sang aussi noir que celui du poisson qu'on appelle Calmar; pourquoi, dis-je, ne rechercherons-nous pas des lieux écartés, où l'on ne dispute pas de la valeur d'une piéce d'argent, & où l'on ne s'empresse pas beaucoup pour éxaminer en quoi la secte des Péripatéticiens est différente de celle des Stöiciens, ni quelle différence il y a entre la couverture de tête d'un Cynique, & la barbe d'un sectateur de Socrate. J'ai été avec vous à Muyde, où M. Hoofd, Mesdames Leonor, Susanne, & Constance, nous ont donné des marques de grandes vertus par leurs beaux exemples. Dans M. Hoofd, outre son langage poli, sa prudence, & sa douceur, j'ai toûjours admiré cette anciencienne ſimplicité de moeurs éloignée des coutumes inconſtantes & paſſageres de ce ſiécle, par leſquelles la France notre voiſine a fait abandonner à nos Hollandois celles de leurs peres, & a transformé ces peuples en Prothées. Dans Leonor l'Epouſe d'un ſi grand perſonnage, il me ſemble voir Cornelie, Sempronie, Placidie, Flaccille, & Serene, avec cette ſeule différence que ſes grandes vertus ne la rendent point orgueilleuſe, & que ſa Dot ne conſiſte pas en des triomphes. Suſanne eſt civile & honnête ſans déguiſement, éloquente ſans art, modeſte ſans affectation, paſſionnée pour les ſciences ſans vanité. Conſtance croit que la premiere vertu eſt de pouvoir pratiquer toutes les vertus ſans faire parade d'aucune. Nous avons enſuite paſſé quelques jours à nous promener, à rire, à manger, & à boire, dans la maiſon de Campagne de M. de Trama. Je me ſouviens de la réception que M. P. de Wilhem, le pere des plaiſanteries, nous fit à Bevervic, & de celle que M. Breenius nous fit dans le Diemer, où nous nous attachâmes des ïeux, des mains, des dents, & de toute l'Epiglotte a des cerises. Mais hélas! je suis maintenant séparé de vous, mon cher Vicquefort, aussi bien que de mes autres amis. Sur le bord du Rhin où je suis, je respire un autre air, je bois d'un autre suc, je marche sur une autre terre, & je me sers d'autres feux. Pour l'air, vous n'aurez pas de peine à convenir qu'il est plus pûr ici que dans vos quartiers, où les marais & les étangs que forme l'Amstel, le rendent fort grossier. Le suc dont je vis ici, est celui du Rhin tout pur, & même de Maïence; quelquefois c'est du suc d'Espagne, d'autrefois c'est de celui de Malvoisie, de l'Ile de Cypre, ou de celle de Candie: le votre est rouge, & par sa couleur de sang il donne de la fraïeur à un Philosophe qui n'est pas fait à la guerre. La terre sur laquelle je marche ici n'est point sablonneuse, mais toute pleine de mottes; elle n'est pas non plus dégarnie d'arbres & d'arbrisseaux, mais pleine de feuilles & d'ombre. Que si vous me demandez quel est mon feu, je vous dirai que moi qui suis un Professeur veuf, j'erre à l'entour des Créüses délaissées & sans maris: lorsque j'en

re-

regarde plusieurs, & que je pêse le mérite de chacune en particulier, comme on pêseroit l'argent dans une balance, je ne sçai quel parti prendre, ni laquelle je dois éviter ou demander, ni même de quel côté me tourner. Il en est de moi comme de ceux qui se trouvant dans un carrefour s'arrêtent & n'avancent point. Quelque fois je salüe la plus belle, mais il se trouve qu'elle est trop jeune, & qu'un Léandre ou un Pyrame pouroient à peine satisfaire sa passion amoureuse. D'autresfois je souris & fais bon visage à une qui a cinquante ans, mais qui est chargée d'enfans, & de filles qui ne sont pas mariées, lesquelles étant jointes aux miennes me rendroient Général d'une grande & nombreuse République. Il y en a d'autres à qui je conte des douceurs en toute honnêteté, lesquelles ne me méprisent & ne me rebutent pas, mais elles ont trop d'Avocats & de gens qui plaident pour elles. Au milieu de ces inquiétudes, je ne me détermine point, mais je défends à mes ïeux de regarder la vanité. Cette sage résolution de votre ami ne vous déplait pas, non plus qu'à votre chere Epouse

& à Madame Leonor de Hoofd, qui fort obligeamment avoient résolu ensemble de me remarier. Le tres noble Schonckius me témoigne toutes sortes d'honnêtetés jusqu'à l'excés. Je tâche d'adoucir sa douleur récente & encore toute vive, par de belles maximes de Philosophie, & aussi par des plaisanteries qui ne sont pas désagréables ni tout-à-fait dépourvûes d'érudition. Cependant nous avons reçu d'agréables nouvelles du siége d'Arras: L'Armée de France est pourvûe de munitions de bouche, & de ce qui lui est nécessaire pour combattre l'ennemi. Elle espere fort de remporter une grande victoire; néanmoins elle n'est pas encore victorieuse, & Mars ne s'est pas encore déclaré. Combien avons nous d'exemples des premiers & des derniers tems, que des choses ont manqué lors qu'on s'y attendoit le moins & qu'on s'en promettoit tout le contraire. Je ne sçai si c'est aux François, à se hâter lentement: mais peut-être que je vous paroitrai moi-même un peu trop pesant, & que vous m'accuserez de dire des sentences qui ne sont pas de ma profession. Adieu, Monsieur, & tres cher Ami; saluez lüez, s'il vous plait, de ma part M. Hoofd, apres néanmoins que vous aurez salué Madame votre chere & Illustre Epouse. A Poelgeste sur le Rhin, le 12 Août, 1640.

G. BARLEE.

LETTRE XXXVI.

De M. J. Vicquefort a M. G. Barlée.

MONSIEUR, & le plus aimable de tous mes Amis,

Si j'ai été jusqu'à présent à satisfaire au devoir de vous écrire, ce n'est pas que j'aïe oublié votre agréable familiarité, mais par un effêt d'une oisiveté crasse accompagnée, comme elle est presque toûjours, d'une honteuse paresse. Si c'est la nouveauté de la vie solitaire, ou la conversation avec des gens de la Campagne, qui en est la cause, c'est ce que je ne sçaurois bien vous dire. Mon dessein apres avoir reçû votre lettre étoit de vous faire une longue réponse; mais je ne sçai pas pour quel sujet je fus obligé dans ce même moment-là de partir pour la Haie. Le lendemain je crus que j'aurois à écrire à Cassel, à son Altesse Séréniss. Madame la Landgrave, & à d'autres personnes.

nes. J'ai cru vous devoir marquer les raisons de mon silence, afin que vous n'aïez aucune pensée desavantageuse à l'extréme affection & à l'amitié constante que j'ai pour vous. Touchant le séjour que nous ferons à la Campagne, je ne puis encore vous marquer autre chose sinon que si un Censeur établissoit un lustre & ensuite le proposoit, je répondrois, volontiers si mon cher Barlée étoit avec moi. Tout nous rit de quelque côte que vous jettiez la vûe, mais avec cela je ne sçaurois rire tranquillement, étant privé de la compagnie de mon intime ami. Venez donc au plus tôt, & tenez votre parole, afin que nous puissions rire & nous divertir ensemble. Les Cerises, & les autres fruits qui sont cette année en abondance, vous attendent. On ne vous servira point de Chrevreau, ni de la chair de Sanglier, c'est un animal né pour les festins, mais des féves & des pois que ceux qui professent la frugalité estiment fort. Je vous écrirois plus amplement si mon parent Reuver ne se pressoit de partir, & si ma femme n'avançoit pas le dîner. Venez au plus tôt avec vos meilleurs amis, sans ou-

oublier Mr. le Bailli, Madame son Epouse, & ses filles. Ecrit avec précipitation à notre maison de Kolven le 14, Août 1640.

LETTRE XXXVII.

De M. J. Vicquefort a M. G. Barlée.

MONSIEUR, & tres cher Ami,

Je n'ai pas lû, mais j'ai dévoré votre lettre. Tous les charmes de l'Air, de l'Eau, de la Terre, & du Feu, auroient de la peine à vous donner autant de joie que votre lettre seule m'en a donné. Je me réjoüis & vous félicite de tout mon cœur, de ce que vos souhaits sont hûreusement accomplis jusqu'à donner de l'envie. Je ne sçai cependant si un trop long séjour dans le lieu où vous étes, ne vous dégoutera point à la fin de votre maniere de vie, & de votre ancienne coutûme. A la vérité vous avez sur les bords du Rhin un air plus pur, mais qui étant soufflé par vos Creüses rendra peut-être vos esprits plus vifs & plus portés a la volupté. Nous ne vous envions point l'excellent suc du tres noble Schonkius, pourvû qu'il n'engendre pas de sang superflu, en en ſorte qu'il faille enfin en venir à la ſaignée pour laquelle vous avez tant d'averſion. Je me perſuade aiſément que la vûe de vos terres & de vos prés ſi fertiles eſt quelque choſe de fort agréable; mais le gazon a cela d'incommode que, le jour, il ne permêt pas les danſes des femmes qui, la tête en bas & les pieds en haut, plient le corps en rond, & que, la nuit, il ne permêt pas non plus les entretiens avec une femme, lesquels pour lors font plus de mal à ces lieux cachés ſous le repli d'une jupe, que ne feroit une vipere. Pour ce que vous dites de la chaleur que vous ſentez, je ne doute nullement qu'il ne ſoit vrai. Vous étes échauffé de reſte quand vous avez été expoſé pendant quinze jours a trois feux. Mais prenez garde cependamt de ne pas percer le feu des Veſtales avec votre épée. En fait de baiſers, il en faut donner tellement à chacune en particulier qu'on n'en prive pas les autres. Qand vous ferez de retour en ces quartiers, vous nous apprendrez laquelle des trois a les plus douces levres, laquelle applique ſa bouche avec plus de grace, & laquelle vous avez trouvé la plus propre à ce métier.

Ma

Ma femme n'approuve point cette remarque curieuse, mais avec son sérieux ordinaire elle vous conseille seulement ce qui peut tenir lieu de réfrigeratif. On parle ici diversement du siége d'Arras. Il y a des lettres de Brusselles qui assurent que la Ville s'est rendue le dixiéme de ce mois, apres que les François eurent pris d'assaut la porte de S. Nicolas, les habitans ne voulant pas courir plus de risque. Les Catholiques Romains, & sur tout, ceux qui ne sont pas bien intentionnés pour nous, n'ajoutent point foi à cette nouvelle. De là sont venues les disputes, & les querelles, qui se termineront sans peine à l'arrivée du Courier. Le bruit se répandit hier que le Prince d'Orange étoit de retour à Dordrecht, ce que je crois d'autant plus aisément que je pense qu'il médite quelque expédition en Flandre. L'Armée Imperiale, apres avoir demeuré quelques jours à Vacha, a décampé, & a marché vers la forêt d'Hercinie pour aller porter la guerre dans le Duché de Brunsvic. Une partie des troupes a assiége Bingen, & menace Creutznach. Mais le Colonel

nel Rose mon Compere se prépare à aller seccourir ces deux Places avec sept Régimens de Cavallerie. Il est arrivé de Suede a Stralsund & à Gripsvald cinq mille hommes de pied, & on y attend la Cavallerie. Les troupes de Brandebourg ont tâché de surprendre Francfort sur l'Oder, mais ç'a été en vain, & même avec perte. Nous verrons au reste ce que les lettres de Hambourg nous apporteront aujourd'hui. Je vous souhaite de tout mon cœur une parfaite santé, & toute sorte de satisfaction avec Monsieur Schonkius. A Amsterdam le 17. Août 1640.

Je ne sçai si vous ne direz point que je suis trop familier d'avoir ouvert la lettre de M. de Zulichem. Vous excuserez, s'il vous plait, l'impatience que j'ai eue de voir les vers qu'il a faits. Vous aurez sans doute reçû ceux que Constantin le Ieune a envoïés en ces quartiers.

LET-

LETTRE XXXVIII.

De M. J. Vicquefort a M. G. Barlée.

Pour Amsterdam.

MONSIEUR, & tres cher Ami,

Vous avez bien fait, étant las de la campagne & de la solitude, de venir dans une Ville peuplée & magnifique: mais que vous aïez aussi bien fait, de partir sans nous avoir dit adieu, j'en laisse le jugement au tres Noble Bailli, & au tres aimable Niquet, qui sont tres éxacts en fait d'amitié. Pour moi, je crois que du haut de la maison vous aviez humé avec la rosée du matin l'odeur de vos veuves de Leide, & qu'aïant ensuite oublié vos hôtes, & le déjeuner dont les voïageurs ont coûtume de munir leurs estomacs, vous vous étiez aussi tôt mis en chemin. Si vous étiez demeuré seulement ce jour-la, vous auriez vû le jardinier Mol revenant de la chasse, chargé de Pinsons, & vous auriez goûté des grives & des merles qui auroient excité l'appétit d'Apitius. Le malheur voulut que le même jour au matin, étant entré dans votre chambre, & vous y aïant cher-

cherché inutilement, je vous apperçûsse de la fenêtre comme vous n'étiez qu'a cinq cens pas de là. Je criai de toute ma force, mais il ne me fut pas possible de faire arrêter mon Philosophe, ni même de le faire regarder. Comme je vis que je ne gâgnois rien, je me mis à lire les papiers que vous aviez laissés sur la table, pour voir si je n'y trouverois point l'inscription que vous aviez promise au Grand Trésorier, mais je ne l'y trouvai point. Ie fus avant hier reçû du Comte d'Arondel avec beaucoup d'honnêteté. Il a amené avec lui ses trois fils, les imitateurs de sa politesse, lesquels il envoie à Utrecht pour y faire leurs études. Nous espérons être de retour à Amsterdam dans huit jours; je vous y informerai plus amplement, que je ne sçaurois faire à cette heure, de ce que les François ont dessein d'entreprendre, & de ce que fait le Prince d'Orange. Je vous souhaite une hûreuse santé, & je vous salüe, de même que toute votre famille. En notre maison de Kolven le 3. d'Octobre 1640.

Celui qui est tout à vous

J. VICQUEFORT.

LET-

LETTRE XXXIX

De M. J. Vicquefort a M. G. Barlee.

Pour Amsterdam.

MONSIEUR, & tres cher Ami,

Il y a long tems que je vous ai écrit que je n'étois nullement surpris que vous nous eussiez quittés si à l'impourvû, ou plus tôt avec tant de hâte. Maintenant je m'étonne bien plus que vous nous aïez tellement oubliés que nous n'aïons pû rien sçavoir de votre santé. Avez vous tellement donné en votre chemin contre les écueils des Syrenes, que leur breuvage ait fait sur vous ce qu'auroit fait le fleuve Léthé; j'ai meilleure opinion de vous, & je crois que ce silence ne vient que de ce que vous étiez occupé a écrire à vos veuves ce qui concerne les roses, ou ce qui s'est passé sur le Mont Parnasse. Je vous dirai que les petites Couronnes de M. des B.am qu'on a mises dans le festin sur la tête de vous autres Poetes ne se devoient mettre que sur la tête de Catzius,* si on en eût cru Italicus. N'en

* *C'étoit la coûtume des Romains de couronner de fleurs les nouvelles mariées.*

N'en dites rien pourtant qu'à la veuve dont je viens de parler, car je ne voudrois pas que vous contassiez mes folies à des personnes plus sérieuses & plus séveres. Je croïois que nous irions dans peu de jours à Amsterdam, j'y aurois de quoi m'occuper, & ce n'est point le mauvais tems qui m'empêche de partir, mais une affaire qui m'est survenue. Cela poura peut-être retarder mon départ jusqu'a la semaine prochaine. Le Prince a eu des raisons qui l'ont empêché de mettre ses troupes en quartier. L'Ambassadeur de France n'est pas d'avis qu'on renvoïe l'Armée pendant que le Roi son Maitre s'applique tout de bon aux moïens de secourir Aire. On m'écrit d'Amiens que sa Majesté tres Chretienne a dessein de s'avancer jusqu'a Abbeville & à Montreuil pour être plus à portée de cette expédition. Et certes il importe, pour le bien de la cause commune, que les Etats secondent les entreprises des François, & que tout d'un tems ils fassent, en faveur des Alliés d' Allemagne, quelque diversion des forces Impériales. On dit qu'Egeber Gouverneur d'Aire a tellement inondé de la campagne des environs de cette Ville, qu'elle eſt plus ſous l'eau que ſi le Ciel avoit ouvert ſes cataractes par un deluge. Les Eſpagnols appellent cela une invention Diabolique, qu'il a appriſe autrefois en Hollande. Le Maréchal de la Milleraie à cauſe de ſon indiſpoſition eſt allé aux eaux de Bourbon pour y prendre les bains, & a laiſſé le commandement de l'Armée au Comte de Guiche, lequel, depuis qu'il a été honnoré d'un nouveau tître, on appelle à préſent Marêchal de Grammont. Monſieur de S. Preux Gouverneur d'Arras a été pour je ne ſçai quel crime conduit à Amiens, où il a la Citadelle pour priſon. Le Marêchal de Brezé eſt à préſent parti pour la Catalogne dont il a été fait Gouverneur avec ſa qualité de Viceroi, non ſeulement afin d'encourager par de nouveaux ſecours ceux qui ſont fidéles au Roi ſon Maitre, mais auſſi pour aſſûrer ceux qui chancelent, & donner de la terreur aux ennemis. Terragone à la verité a maintenant la mer libre, mais le paſſage pour pénétrer dans le coeur de la Province eſt encore fermé à l'Armée d'Eſpagne, par le moïen des fortes garniſons que la Mothe-Houdancourt a laissées dans Costanti, & dans les autres lieux qui sont derriere lui. Vous aurez sçû sans doute que le Comte d'Harcourt a réduit Coni sous l'obéissance du Roi Tres Chretien. Si vous sçavez quelque chose du secours de Suede, & de l'Assemblée de Staden, vous me ferez plaisir de me le mander. Adieu, Monsieur, aimez toûjours votre bon ami. A Kolven le 8. Octobre 1640. Votre....

J. VICQUEFORT.

Ma femme & ma soeur Elisabeth vous saluent, de même que Mesdemoiselles vos filles; je vous présente aussi à tous mes civilités.

LETTRE XL.

De M. J. Vicquefort a M. G. Barlée.

Pour Amsterdam.

MONSIEUR, & tres cher Ami,

Vous auriez été un tres habile Gladiateur, puisque vous sçavez si bien parer les coups. Je croïois que vous eussiez manqué au devoir de l'hospitalité, & maintenant vous m'accusez d'être trop doux. L'excés en cela m'est une cho-

chose aussi inconnuë, que la flaterie, laquelle est un vice que je hais sur tous les autres. Je suis surpris que vous aïez passé par la ville de Pallas sans voir vos veuves, que je crois bien qu'on ne sçauroit contenter comme on fait les perdrix, mais qui sont d'un naturel à aimer mieux être des poules que des oies. J'ai lû avec beaucoup de plaisir dans votre lettre, que votre fils Gaspar est revenu à lui. Désormais toute la race des Médecins croira sans doute qu'on s'est trompé à Roüen dans les remedes. La chasse aux Grives nous retient ici; j'espere néanmoins que nous partirons pour Amsterdam vers la fin de la semaine prochaine, accompagnés des tres Nobles freres Grosiccius dont j'ai bien voulu contenter le désir en leur faisant l'Histoire d'un animal tres fin, laquelle n'auroit jamais été crûe, si elle n'avoit été écrite par un Poëte. Ma femme, toute notre famille & tous nos villageois vous saluent. A. Kolven.

J. VIQUEFORT.

LETTRE XLI.

De M. J. Vicquefort a M. G. Barlée.

MONSIEUR, & tres cher Ami,

Quoique je n'aïe rien d'important à vous mander, j'ai cru néanmoins vous devoir écrire pour vous assûrer de la continuation de mon amitié, & aussi pour dissiper le chagrin que j'ai d'être si long tems absent. Jour & nuit, lorsque j'ai l'esprit en repos & sans inquiétude, je me représente les agréables entretiens que j'ai eus avec mon cher ami Barlée, & ses paroles ordinaires assaisonnées de sesame & de pavot. Quelquefois je pense à vos divertissemens, à vos délices, à ce temple d'un bon entendement, & à d'autres choses qui sont plus tôt des soulagemens que des remedes pour votre esprit agité. Je voudrois fort sçavoir de vous quelle lettre vous avez reçûe, il n'y a pas long tems, de celle que vous appellez dans votre éloge le flambeau & le Phare du Territoire d'Alcmar; & aussi pour quel sujet vous allates dernierement à Leide. N'est-ce point que le tres Noble Schonkius voïant ne pouvoir vous accompagner en France, ni aller fort loin avec vous, veut vous mener au delà de la riviere, afin que vous deveniez entre-riviere, & que vous passiez à des secondes noces. Prenez garde si vous étes sage, mon cher Ami, que vous ne puissiez pas revenir plus riche & plus parfumé. Le Démon habite dans ces parties que le sein des veuves couvre. Il commêt sans bruit beaucoup de désordres dans ces lieux obscurs, & ne fera point d'éclat que vous n'aïez auparavant été mis en prison; mais apres qu'il aura été incité, il troublera votre repos qui seroit capable de donner de l'envie. Je vous en dirois davantage là-dessus, si vous ne häissiez les donneurs d'avis, & si je ne craignois d'être mis au nombre des Avocats qui plaident pour vos enfans. Nous n'avons rien de nouveau, sinon que le Prince d'Orange a été fait Gouverneur de la Province de Groningue, à l'exclusion du Prince de Nassau qui est dangereusement malade à Leuwarde. On dit pour certain que Christien Ulric F. naturel du Roi de Dannemarc a été défait & tué par les troupes des Etats des P. U. dans le village de Meynertzhague.

L'Electeur Palatin doit aller trouver le Roi de Dannemarc ; & son frere Maurice ira joindre l'Armée de Bannier. On attend toûjours Monsieur de la Thuillerie Ambassadeur de France. Monsieur de Grosicq & moi, nous avons peu gâgné par nos sollicitations. Nous avons néanmoins bonne espérance d'obtenir le contenu de notre Commission. Adieu, Monsieur, & intime ami, continuez d'aimer celui qui vous aime toûjours. A la Haie le 22. Octobre 1640.

J. VICQUEFORT.

LETTRE XLII.

De M. J. Vicquefort à M. G. Barlée.

Pour Amsterdam.

MONSIEUR, & tres cher Ami,

Afin de vous marquer que je suis en vie, & l'amitié que j'ai pour vous, je veux vous apprendre que je suis devenu Amphibie ; que je ne demeure plus ni en ma maison de Campagne, ni à la Ville ; mais en l'une & en l'autre ; que je n'ai pas un lit commun avec ma femme, ni aussi un à part, mais que j'ai l'un & l'autre de ces lits ; de sorte que vous di-

diriez que nous sommes deux en une chair, & une seule personne en deux corps séparés. Ma femme, à la maniere des Hambourgeoises aime les vieilles coûtumes & la retraite. Contente d'être à la campagne avec ses poules, elle méprise les délices de la Ville, & ne songeant qu'à son ménage, elle joüit loin du faste & des foudres de Jupiter, d'un air plus pur, & a l'esprit plus en repos. Mais afin que vous ne croïïez pas qu'elle soit sans rien faire, vous devez sçavoir qu'elle a des occupations qui regardent sa République. Aussi tôt que la Cueillette a été achevée, elle a fait tuer une bête à quatre pieds, à laquelle, comme a dit autrefois Chrysippe, il a été donné une ame qui lui tient lieu de sel pour l'empêcher de se corrompre. Lorsque vous aurez le loisir de venir en assaisonner le lard de la maniere que vous me marquez, vous jugerez si elle doit être mise au nombre des pourceaux, ou des cochons sevrés, qui à ce qu'on dit, ont le corps plus formé & plus robuste. Les principales parties de cet animal, lesquelles étoient si estimées des Anciens, & qu'on avoit coûtume d'assaisonner avec du Benjoin de Cyrene, du vinaigre, & avec quelque excellent ſuc, ſeront toutes réſervées pour vous, au ventre près qu'ils aſſûroient être de trois ſortes; celui de la Truie qui avoit porté; celui de la truie qui avoit avorté, & celui de la truie qui étoit ſtérile. Pline eſtimoit que le ventre de la truie qui n'avoit porté qu'une fois, étoit le meilleur, peut-être comme vous pouriez vous perſuader, parce qu'elle repréſente mieux l'état des Veuves. D'autres préféroient le ventre de la truie qui avoit avorté, & comme il arrive rarement que les bêtes avortent par quelque cauſe interne, ils les tuoient pour ſatisfaire leur gourmandiſe. Pour nous, au lieu de cette viande, nous vous donnerons le devant de la tête, & les jambons d'un pourceau parfaitement bien châtré. Nous ne vous ſervirons point de tettes, puis qu'il n'en a point; de ſorte que nous n'irons point contre la loi de l'Empereur Aléxandre Severe qui défend de tuer une truie avec ſes tettes pleines de lait. Au lieu d'une piece de cochon ſalé, nous vous préſenterons des ſauciſſes tres délicates. Pour des boudins & des hâchis, ma femme n'en a

point.

point fait. Nous attendrons à notre tour que vous nous fassiez goûter des saucisses de porc entier, & aussi tôt que les affaires publiques dont je suis chargé, seront expédiées, je serai ravi de goûter du jus de Bacchus avec vous, & avec Monsieur le Bailli, & de faire la débauche en revoïant mes amis. Ma femme est sur le point de prendre le devant, & de partir avec les deux Elisabeths. Cependant je vous écrirai d'ici ce que nous aurons demain de nouveau de France & d'Allemagne. Adieu, Monsieur, & le plus aimable de tous mes amis, je vous salue & toute votre famille, & je vous prie de m'aimer toûjours. A la Haie le 7. Novembre 1640.

Saluez de ma part, si cela ne vous fait point de peine, le Vénérable & Illustre Vossius.

LETTRE XLIII.

De M. J. Visquefort à M. G. Barlée.

MONSIEUR, Pour Leide.

Ce que je vous avois demandé de bouche, je vous le demande maintenant absent & par lettre. L'Illustre Verlinckovius a touché pour moi quinze cens florins qu'il a promis de me faire tenir le 8. de ce mois. Si cet argent eſt prêt, je ſouhaiterois fort que vous le reçûſſiez pour moi, & que vous l'apportaſſiez avec vous. Les dernieres lettres d'Allemagne ne parlent plus du ſiége de Ratisbonne. Le Comte de Koningsmarck avoit paſſé le Danube à une lieue de là avec ſix mille Chevaux, mais étant revenu avec une grande quantité de butin il s'étoit de nouveau joint au Général Bannier. Les Impériaux raſſemblent leurs troupes à Ingolſtadt. Cependant l'Empereur eſt encore à Ratisbonne avec une garniſon de deux mille hommes de pied, & de cinq cens chevaux ſeulement, ſongeant plus à ſa ſûreté qu'à celle du public. Nous avons ſçu de Hambourg qu'il y étoit arrivé un Gentilhomme de la maiſon du Tréſorier du Roi de Portugal, avec de l'argent & des lettres de Créance. Cette perſonne aſſûre que toutes les places fortes du Roïaume ont été réduites ſous l'obéiſſance du nouveau Roi, & que tout alloit au ſouhait de ce Prince. Il a apporté des lettres du Roi pour le Prince frere de Sa Majeſté, qui a juſqu'à préſent

ſent été dans les troupes de l'Empereur, & qui eſt maintenant attendu à Hambourg. Le deſſus de ces lettres eſt, A mon frere Edouard Infant de Portugal, Duc de Bragance. On attend ici de jour à autre un Vaiſſeau Anglois qui eſt parti de Lisbonne le dixſeptiéme de Décembre avec deux cens mille écus d'or pour acheter des armes, & d'autres munitions de guerre. De Montero Mayor Grand Commiſſaire de dix forêts du Roïaume, Dom Antoine d'Alameda, & Triſtan de Mendoza nommés à l'Ambaſſade de France, d'Angleterre, & de notre Hollande, viendront, ſi je ne me trompe, ſur ce vaiſſeau. Je leur ſouhaite une hûreuſe arrivée, & à vous un bon retour auprès de nous, afin que ma femme qui a eu la fievre, toute la ſemaine, puiſſe ſe ſervir de vos avis. A Amſterdam le 8. Février 1641.

Je préſente mes civilités à Madame d'Overbek la plus parfaite des Veuves, & auſſi à Meſdemoiſelles vos filles.

LETTRE XLIV.

De M. J. Vicquefort a M. G. Barlée.

Pour Amsterdam.

MONSIEUR, & le plus cher de mes Amis,

Je vous aurois fait réponse hier incontinent apres que j'eus reçû votre lettre, si j'avois eu la commodité de parler à Monsieur de Zulichem. Je l'ai ce matin rencontré fort à point à la Cour, & je me suis servi de l'occasion pour lui demander son avis sur l'Inscription. Nous sommes tous deux demeurés d'accord que le titre du Prince Guillaume devoit être de la maniere que vous le voïez ici au frontispice des vers, mais que celui de la Princesse son Epouse devoit suivre derriere avec le noeud, comme si l'un & l'autre marchoient ensemble & de pair ; j'ai ensuite cet aprés-midi consulté sur ce dernier point M. Bosuel Envoïé d'Angleterre, qui n'a pas jugé que les titres de fille du Roi d'Angleterre & d'Ecosse dussent se mettre sans celui de France. Au reste ce dernier Seigneur n'approuve pas ce que vous

avez

avez dit, il n'y a point d'espérance de lignée, tant que vous vivrez seul; par ce que plusieurs pourront expliquer mal votre pensée, comme si ces paroles marquoient qu'il y a beaucoup à espérer pour ceux dont la moisson est encore en herbe. Pour moi en cela, comme en toute autre chose, je défere volontiers & avec justice à votre sentiment, de la même maniere que les Directeurs des Compagnies feroient à M. M. les Etats Généraux. Si ma femme ne vient pas demain avec M. le Bailli de Muiden, je partirai Vendredi. Adieu cependant, je vous salue, & aussi tous vos amis. Ecrit à la hâte à la Haie le 8. Mai 1641. celui qui est tout à vous,

J. VICQUEFORT.

C'est à vous, mon cher Barlée, de voir si on peut raisonnablement attribuer a un Prince de sa jeunesse un si grand nombre de qualités, avec une inscription qui lui convienne peu. Il me semble qu'un frontispice pour L. F. d'un Roi mériteroit bien d'être embelli de caracteres rouges.

LETTRE XLV.

De M. J. Vicquefort a M. G. Barlée.

Pour Amsterdam.

MONSIEUR, & le plus cher de mes amis,

Monsieur de Zulichem m'a envoïé un ordre du Prince qui enjoint au Trésorier Volbergius de vous compter trois cens florins pour l'Epithalame que vous avez fait sur le mariage du Prince Guillaume. J'ai cru qu'il seroit mieux pour vous que je gardasse l'original jusques à ce que vous m'eussiez envoïé une quittance. Cependant pour ne point perdre de tems vous recevrez, s'il vous plait, cet argent des mains de mon Leonard. Vous ne ferez pas mal d'en donner avis à M. Huigens, afin que par son moïen le Prince vienne à sçavoir que votre reconnoissance a suivi de pres la libéralité de son Altesse. Monsieur Boswel m'a dit que les vers que vous avez faits contre l'Angleterre ont été trouvés fort beaux. Le Prince Guillaume est arrivé en bonne santé avec sa suite, & est aussi tôt parti pour Bure, d'où il s'est ren-

rendu avec les Ambaſſadeurs au Camp de l'armée de ſon Pere. Monſieur d'Heuflit un de ces Ambaſſadeurs eſt demeuré à ſa maiſon de Campagne avec ſa Junon qu'il doit bien tôt amener ici. Vous avez ſçu ſans doute que Gennep eſt aſſiégé. On dit que la garniſon eſt de trois mille hommes de troupes auxiliaires ſous le commandement de Preſton Colonel d'un Régiment Irlandois. Ceux qui ſont arrivés d'Angleterre diſent que le . . . . avoit deſſein d'aller en Ecoſſe. J'écrivis Lundi dernier à Rouen, afin qu'on eût ſoin de votre fils, & qu'on lui fournît tout ce dont il auroit beſoin. Adieu, Monſieur, & tres cher ami, je vous ſalue de tout mon coeur, & Meſdemoiſelles vos filles. A la Haie le 12. de Juin 1641. celui qui eſt tout à vous.

J. VICQUEFORT.

LETTRE XLVI.

De M. G. Barlée a M. J. Vicquefort.

MONSIEUR,

Pendant que vous joüiſſez des délices de votre maiſon de Campagne, votre abſence me fait ſouffrir de cruelles peines

peines. Elles me désolent, & me navrent le cœur; mais que faire? C'est une loi & un effêt de la force de la Philosophie de pouvoir joüir, & de pouvoir se passer pour un tems de la présence d'un ami. Il m'a bien fallu souffrir la douleur du veuvage, qui m'est encore tres sensible; il faudra de même que je souffre celle qui m'afflige maintenant. Je ne doute point que vous ne soiez aussi fâché, de n'avoir pas à votre côté l'Epée de Vondelien qu'un Poëte a par allégorie & par hyperbole feint que j'étois à votre égard. J'apprendrai, & je m'accoûtumerai à supporter votre départ, puis qu'il faudroit même que je supportasse votre mort. Ce n'est pas que vous me soiez tout à fait absent, puis que je vous ai toûjours dans mon esprit, comme présent, écrivant, joüant, dinant, & vous promenant avec moi. Vous sçavez ce que dit un grand Poëte: Un absent entend & voit un autre absent. Si je ne puis pas vous joindre des ïeux, je vous joindrai par mes lettres qui me seront comme des ailes pour me porter jusqu'à vous. Ciceron écrivoit autrefois à son frere Quintus Proconsul d'A-

sie,

ſie, il me ſemble vous entendre lorſque je vous écris : je ne ſçai ſi Epicure étoit à Athenes, ou autre part, lorſqu'il écrivoit à un de ſes amis ; agiſſez en toutes choſes, comme ſi Epicure vous voïoit. Seneque le Philoſophe étoit au moins dans la Campanie, lorſqu'il écrivoit à Lucilius qui étoit en Sicile, & qu'il l'exhortoit d'étudier, de ſouper, & de ſe promener avec lui, ce que Lucilius ne pouvoit, non plus que moi, faire qu'en eſprit. Ciceron n'avoit-il pas toûjours devant ſes ïeux Balbus qui étoit abſent, & qui ſervoit ſous Ceſar dans les Gaules. Virgile dit d'Enée au ſujet d'Evander & de Pallas qui étoient abſens : Tout ce qui paroiſſoit à ſes ïeux lui ſembloit être Pallas & Evander. Je dirai auſſi, Vicquefort eſt toûjours préſent à mes ïeux. Vous demeurez à la Campagne, mais vous étes fait pour la Cour. Vous vous promenez par les champs, mais vous avez ſoin des affaires des Princes. Vous aimez les Vergers, mais d'une autre maniere que Tibere aimoit ſon Ile de Capri. Vous vous divertiſſez honnêtement avec les Melibées & les Dametas de la Campagne : Scipion l'Africain, ce fameux Capitai-

ne

ne Romain faisoit la même chose. Vous vous promenez entre des arbres rangés en Echiquier, & entre des quarrés & des planches de jardin, comme faisoit autrefois Arpinas en sa Tusculane, dans laquelle il s'appliquoit a l'étude de la Philosophie, se réjoüissoit de la prospérité & du bon état de sa Patrie, ou s'affligeoit de la voir agitée & malhûreuse. Je ne doute point que vous ne fassiez aussi de même, cependant je m'imagine que vous pouriez penser quelque chose de plus agréable de la Philophie, si moi qui ai à vivre de ce suc, j'étois en votre présence. Vous aimez à voir des troupeaux de gros & de menu bétail: mais si je ne me trompe vous aimeriez encore mieux voir votre ami que des bêtes à corne. Vous prenez plaisir où vous étes, à voir des singes & des guenons, mais prenez garde que ces tres adroites bêtes ne vous voïent baiser votre femme; car elles aiment à imiter ce qu'elles voïent faire. Vous nourrissez peut-être un Paon qui est un oiseau beau à voir; mais que son cri infernal rend horrible. Vous estimez vos viviers, pour moi, je ne les estimerai que lorsqu'on y aura mis des poissons.

Plût

Plût à Dieu que vos viviers nourrîssent des huîtres, comme faisoient ceux de l'opulent Luculle sur le Rivage de Bayes. Vous entendez bien chanter des oiseaux, mais vous ne m'entendez pas chanter lorsque je suis d'humeur à faire un Poeme Epique, ou à toucher quelque instrument de Musique. Vous élevez des poules & des poulets, qui sont redevables de leur naissance à un Coq; mais plût à Dieu que vous élevassiez des enfans qui fussent nés de vous. J'espere que cela arrivera, parce que dans le lieu où vous étes il y a quantité de pigeons qui, par leurs baisers continuels, excitent à l'amour. Mais je cesse de badiner & de plaisanter agréablement, parce que je ne sçai pas si le voisinage de deux Cours, & de tant d'autres, ne vous a point rendu fier. Cependant attendez vous à M. le Bailli & à moi, apres que vous aurez satisfait à vos amis & à vos freres. Malheur à vos Cerises, à vos Poires, à vos jambons, à vos cochons de lait; à votre lard, & à vos poissons, quand l'affamé Barlée sera arrivé chez vous. Mandez moi, s'il vous plait en trois mots, quelles nouvelles on dit, & sur tout ce que

les

les plus judicieux croïent du tems que Gennep pourra tenir. Adieu, Monsieur, saluez, s'il vous plait, de ma part MM. Braset & Boswel. Ecrit à la hâte, à Amsterdam le 10. Juillet, 1641.

G. BARLEE.

LETTRE XLVII.

De M. G. Barlee a M. J. Vicquefort.

MONSIEUR,

Enfin apres de longs détours que j'ai faits par terre & par eau je suis arrivé en bonne santé à ma maison. J'ai été en des lieux où je n'avois pas encore été. J'ai vû ce que je n'avois pas vû. J'ai été dans des Païs où personne jusqu'a présent n'avoit été. J'ai parlé avec les Bructeriens, les Sicambres, & les Peuples qui habitent le long du Canal de Drusus. J'ai demeuré en des lieux où Rome a autrefois planté ses Aigles, & où Drusus & Corbulon firent faire des Canaux. J'ai côtoïé le Vahal, & parcouru Tiel, Bommel, & Bure. Ne vous étonnez pas si j'ai fait mon voïage si lentement. Il m'est arrivé la même chose qu'à Ulysse: j'ai rencontré des Circés,

cés, des Calypsons, des Polyphemes, & des Lestrigons, mais plus honnêtes, & avec de meilleures qualités. Je n'ai pas non plus manqué de compagnie dans mon voïage, puisque j'ai toûjours été à côté, tantôt d'une fille, tantôt d'une veuve qui n'est pas hors d'état de se remarier. J'ai appris à toutes ces personnes, si c'est le Ciel qui est immobile, ou la Terre: lequel des quatre Elemens est le plus propre à l'amour: que toutes les Créatures sublunaires, & celles qui sont dans l'air, sont les symboles & les marques des Amans: Si l'amour est composé de points indivisibles ou continus: lequel est le plus doux & le plus agréable d'aimer ou d'être aimé: de donner des baisers, ou d'en recevoir: lequel ou d'une personne de qualité, ou d'un Marchand, ou d'un Théologien, ou d'un Philosophe, ou d'un Poëte est le plus propre à l'amour. Je ne vous écrirai point ce qui a été décidé là-dessus, de crainte de faire ma lettre trop longue, au lieu qu'elle devroit être courte, sur tout lorsque j'écris à des personnes qui sont à la Cour, ou qui ont à faire des réponses qui regardent le public. J'ai trouvé,

à

à mon arrivée chez moi, la lettre que vous m'avez écrite, avec l'Eloge du Cardinal de Richelieu, qui est une piece dont le stile approche fort de l'Espagnol, & est fort barbare. C'est inutilement, Monsieur & tres Cher Ami, que vous sollicitez à la Haie du secours pour la Ville qui est assiégée; je ne vous en dis pas davantage. Il faut qu'elle se défende elle-même, ou qu'elle attende du secours d'ailleurs, ou autrement comme je crois elle changera de Maître. Mais que les François ont pris mal leurs mesures, puisque d'assiégeans qu'ils étoient, ils sont maintenant assiégés, & qu'apres une victoire toute récente ils ne peuvent pas avoir l'honneur du Triomphe. Mais nous ne voïons pas encore la Catastrophe de cette affaire. Je ne sçai si vous aurez vû ce plan de la Ville d'Aire; vous pouvez le garder, si vous n'en avez pas un plus éxact. J'aurai l'honneur de vous voir lorsque les oiseaux portés au delà de la mer voudront être votre proie & vos délices. Préparez des lacets pour prendre ces innocens animaux. Pour moi, à présent que le tems des vacations est passé, je vais reprendre les éxercices de

Pallas & de Phébus. Adieu, Monsieur, je vous souhaite le bon jour & une parfaite santé, de même qu'à Madame votre chere Epouse, & a tous vos amis. A Amsterdam le 1. jour de Septembre, 1641.

G. BARLEE.

LETTRE XLVIII.

De M. G. Barlée a M. J. Vicquefort.

MONSIEUR,

Laissons là les Veuves & ces mots engageans qui m'ont causé trop de chagrin. Il est tems que la Philosophie me rende sage, & que je me procure le repos, qui est incompatible avec toutes ces folies auxquelles je me suis amusé. Lorsque suis chez vous, à la campagne, ou dans un Païs froid, j'oublie facilement ce sexe, quoiqu'il soit un secours que la nature tres sage nous à donné dans notre indigence. Lors aussi que je parle en public, ou que je suis à table avec mes amis, & que je ne me découvre pas aux traits de l'amour, je reviens à moi-même & je sens bien que je n'ai pas encore perdu l'esprit. Que faire à un homme dont les forces ne sont pas épuisées, & qui n'est pas fou? Pour moi

moi j'ai recours au destin, & je le suivrai où il me conduira. C'est ce qui fait souvent la consolation de ceux qui sont au désespoir. Souvent, quand nous manquons d'esprit & de conduite, nous attribuons aux Dieux les choses que nous avons mal faites. Mais que je suis aise de ce que vous étes de retour en ces quartiers. Vous vous approchez avant que de venir, & vous aimez fort à remettre au lendemain. J'ai fait part à M. le Bailli, & à d'autres des nouvelles que vous m'écriviez dans la lettre qui a précédé votre derniere. Le Panégyrique du Cardinal de Richelieu est sous la presse, & il sera imprimé en tres beaux caracteres par M. Blaau. Il a le portrait de ce Cardinal, gravé sur une planche de cuivre, & il souhaiteroit fort de le mettre à la tête du Panégyrique, avec le Quatrain que j'y ai joint. Jugez avec M. Braset, si en si peu de paroles j'ai dit ce que mérite un si grand Prince, & si vous étes tous deux d'avis qu'on mette son portrait à la tête du Panégyrique. M. Blaau a aussi résolu d'embellir le frontispice de cet ouvrage, des armes de ce Cardinal, à moins que vous autres Messieurs

ſieurs les Trebatiens, vous ne ſoiez d'un ſentiment contraire. Mais l'occaſion ſe préſentera d'en parler quand vous ſerez de retour en cette ville. Toutes les fois que la clarté du matin donne à mes fenêtres il me ſemble que je vous vois qui vous promenez dans le jardin, & qui ramaſſez les Grives qui ſe ſont priſes & étranglées à des lacets, tandis que votre chere Moitié ſe chauſſe, & cependant ce que dit Virgile eſt véritable, que l'Epouſe vient apres ſon mari. Je ſouhaiterois de pouvoir mettre dans mon Poëme la levée du ſiége d'Aire, mais la crainte paſſe à cet égard mon eſpérance; je ne ſçai ſi ce qu'on dit eſt vrai, qu'on a ouvert les priſons & les cachots par toute la France, afin d'envoïer les ſcélérats qui y étoient détenus, au ſecours de la Ville que je viens de vous marquer. Les Romains firent autrefois la même choſe, mais dans le tems que leurs affaires étoient déſeſpérées. Adieu, Monſieur; aſſurez, s'il vous plait, de mes civilités, Madame votre chere Epouſe, & Mademoiſelle votre ſoeur. A Amſterdam le 14. d'Octobre 1641.

G. BARLEE.

LETTRE XLIX.

De M. G. Barlée a M. J. Vicquefort.

D'où vient, Monsieur, que vous vous donnez tant de peine de m'écrire en termes si éloquens, d'une Truie dont le naturel est tout-à-fait différent du mien. Cet animal ne fait du bien qu'apres sa mort; & moi apres ma mort je ne ferai de bien à personne. La Truie ne sçait ni la Rhétorique ni la Poësie, & moi j'entens médiocrement l'une & l'autre. La Truie grogne, & se plait dans la boue; & moi je chante & j'aime la propreté des Muses, de même que la vôtre. La Truie, lorsqu'elle est contrainte de regarder en haut, se tait & devient muette; & moi lorsque je regarde la surface du Ciel, je commence à chanter, & je publie hautement les loüanges de celui qui a fait la Truie. Cet animal, de même que la chévre, est consacré à Bacchus, dont l'un & l'autre gâtent néanmoins les vignobles; & moi, je suis consacré à Apollon à qui je compose de petits vers innocens. Me parlez vous d'une Truie pour prendre occasion de

sa

ſa fécondité de me reprocher que j'ai un grand nombre d'enfans? ou avez vous deſſein à cauſe de la laſciveté de cet animal, de me reprocher les mots un peu trop libres dont je me ſuis ſervi en parlant des perdrix, & en faiſant la comparaiſon des poules & des oies. Avez vous tué un pourceau, pour affermir notre amitié par cette victime, vous ſouvenant de ce que dit Virgile : Ils faiſoient alliance en tuant un pourceau. N'eſt-ce point que vous prétendez que je ſuis de la ſecte des Epicuriens, dont parle Horace, lors qu'il dit: Moi qui ſuis gras & propre &c. ou plus tôt que je ſuis de la ſecte des Pythagoriciens qui, comme dit Claudien, font paſſer dans les parties graſſes d'une Truie ſale les ames des voluptueux. Vous ne voulez pas, je crois, me mettre au nombre de ceux d'Arcadie & de Béotie qui ont donné lieu au proverbe, Truie de Béotie. Ces ſortes de bêtes ne compoſent pas des Panégyriques de Cardinaux; mais je vois fort bien par votre lettre ce que vous prétendez. Vous m'invitez à manger de la tête & des jambons d'une Truie; j'y conſens, pourvû que je ne ſois point

 trans-

transformé en une tête pareille; car elle est fort indocile & ignore l'adresse des Eléphans. Palemon Grammairien fort satyrique appelloit le tres docte Varron le pourceau des lettres, parce qu'il ramassoit de toutes parts beaucoup de choses sans choix & sans jugement. Je ne veux pas passer pour tel; c'est pour cela que j'aime mieux manger des jambons de votre truie que sa tête, parce qu'ils sont plus éloignés du devant de la tête de cet animal. Je suis certes marri que votre truie n'ait pas eu de tettes, lesquelles sont si estimées; car les Romains ne trouvoient rien de plus délicat que le ventre de cet animal. J'ai lu dans Pline que les loix des Censeurs défendoient de manger le ventre, les testicules, la matrice & la tête de porc. Mais, Monsieur, ces loix n'obligent pas ceux qui sont freres & alliés de l'Empire Romain. Le 30. de ce mois M. le Bailli de Muyde célébrera la mémoire de ses nôces, par un festin. Faites en sorte d'en être avec Madame votre Epouse, & ne vous privez pas l'un & l'autre de cet avantage. J'espere qu'apres que vous avez assez doctement parlé d'un grillon, vous

vous me manderez des nouvelles de France & d'Allemagne. Adieu, Monſieur, ſaluez, je vous prie, de ma part votre tres chere Penelope & vos Couſines. Aſſûrez auſſi, s'il vous plait, Monſieur de Zulichem de mes reſpects & de mon obéïſſance, & dites lui qu'on a repréſenté en cette Ville une Tragédie, faite par un Vitrier qui ne ſait ni Grec ni Latin. C'eſt une piece dont Sophocle même n'auroit pas de honte d'être l'auteur. M. M. Hoofd, Burghius, Vondelius, & tous ceux qui ſe connoiſſent aux belles choſes, en ſont étonnés auſſi bien que moi. A Amſterdam, le 10. Novembre 1641.

G. BARLEE.

LETTRE L.

De M. G. Barlée a M. J. Vicquefort.

J'Ai lu vos faſtes, & les ſommaires de ce qui s'eſt paſſé en divers endroits, que vous avez envoïés a M. le Bailli de Muyden. Vous y parcourez toute l'Europe, & vous rapportez d'une maniere éloquente les bons & les malhûreux ſuccés des Rois & des Princes. M. le Bailli, à la maniere des Politiques, en fait un recueil de ce que ceux qui gouvernent le Peuple doivent & éviter & imiter. Pour moi, à mes vers près, & les fictions des Poëtes, je ne ſçai rien & je ne veux rien ſçavoir davantage. Je crois même que la plus grande ſcience est celle qui a de l'averſion pour le bruit, pour les meurtres & pour le tort qu'on fait à des innocens. Pour vous qui étes plus proche de la cour, vous faites & vous méditez d'autres choſes. C'est ainſi que les Cigales ſe nourriſſent de roſée; les Abeilles, de miel; le Caméléon, d'air & de vent. Nous ne recherchons ou ne fuïons pas tous les mêmes choſes, & nous ne ſommes pas tous gouvernés par les mêmes Planetes. Jupiter qui eſt accoûtumé à vivre dans la compagnie des Dieux eſt la Planete qui vous domine; mais à mon égard, je vous avoue franchement, que c'eſt la Lune, parce que j'aime à m'entretenir avec des Veuves lunatiques, & à regarder leurs viſages, tantôt tout-à-fait pâles, & tantôt tout-à-fait éclatans. C'eſt-là l'état des Dames de qualité qui ſont ſans maris. Mais pourquoi vous écrire toutes ces bagatelles, dans le tems que j'apprens qu'on

à dé-

à défait les ennemis, qu'on a pris Lamboy prisonnier, & que Veimar est triomphant. Les Celtes & les Cattes partageront entr'eux la gloire & les avantages de cette victoire, laquelle j'estime fort, à cause qu'elle donne une entrée libre aux François dans l'Archevêché de Cologne, & qu'il n'y a plus à craindre que les troupes de ce Diocese aillent secourir au Printems les Espagnols. Outre cela, cette défaite rendra les Aigles plus humbles & plus portées à la paix. La flotte que leurs Hautes Puissances avoient envoïée au secours des Portugais est revenue dans ses ports. Elle n'a rien fait, sinon qu'au lieu du Vahal & de la Meuse, elle a vû le Tage. Mais quand M. de Zulichem a-t-il dessein de venir en cette Ville? dans le tems de l'assemblée des Graces, de laquelle j'espere un meilleur succés que des conférences des Médiateurs de paix dans la Westphalie. Trouvez-vous, s'il vous plait, Monsieur, à cette assemblée. Nous y sacrifierons à la joie, & nous prierons Tesselle de nous aider de son adresse & de ses autres beaux talens pour enchanter les esprits de ceux qui ne peuvent s'adoudoucir que par le chant. Nous ferons porter dans l'Ye les espaces vuides qui sont près des remparts, afin qu'on habite plus au large sur le bord de cette petite riviere. Je souhaiterois fort de sçavoir si mon Poëme est arrivé en France, ou s'il est péri dans la mer. Si les Druides ne le peuvent pas lire, au moins les Nayades le liront. Adieu, Monsieur ; assûrez, s'il vous plait, de mes tres humbles civilités M. de Zulichem, M. Braset, & tous nos autres amis. A Amsterdam le 25. Janvier 1642.

G. BARLEE.

LETTRE LI.

De M. J. Vicquefort a M. G. Barlée.

Pour Amsterdam.

MONSIEUR,

J'ai gardé le silence plus que je ne devois, mais néanmoins je ne chercherai pas de détours pour m'excuser, étant persuadé que notre amitié ne se doit pas mesurer par notre silence, ni par nos lettres. J'avoue maintenant que ce qui m'a empêché jusques à présent de vous écrire est une pure paresse; mais c'est c'eſt un vice qui n'eſt pas moins ordinaire aux gens de Cour, que l'Uſure l'eſt aux Marchands. Chacun a ſes défauts: ſi la Lune a quelque fois un ſi grand aſcendant ſur vous, que vous ne pouvez pas demeurer éloigné de vos Veuves lunatiques, ſçachez que Saturne n'en a pas moins ſur moi, & que cette Planete par ſes influences m'a rendu un peu lent. Ce que vous dites de la victoire de Hulſe eſt fort juſte. C'eſt un grand avantage que les ennemis aïent été taillés en pieces; mais je crois que c'en ſeroit encore un plus grand de triompher d'une maniere qu'on pût avoir tous les jours devant les ïeux quelque marque de la victoire qu'on auroit remportée; comme lorſque les vaincus ſe rendent à diſcrétion, & prennent parti dans les troupes des vainquers. Monſieur Groſie qui s'eſt trouvé à ce combat, & qui eſt demeuré en vie de même que le cheval que je lui avois donné, écrit que le nombre des morts des ennemis monte à plus de deux mille. Vous aurez ſçû ſans doute qu'apres un ſi hûreux ſuccés de nos armes, nous avons accordé notre protection à Nuys, & a d'autres Villes. Taupodelius & Rose, ont aussi défait quelques troupes ennemies ; & celles de Veimar & des Celtes peuvent pénétrer si avant dans toute la Province, qu'elles ne sont plus en peine d'y prendre leurs quartiers d'hiver, & ne craignent plus d'en être chassées. Il est plus aisé d'empêcher ces sortes d'hôtes d'entrer dans un Païs que de les en chasser ensuite ; & c'est pour cette raison qu'on dit que l'Empereur veut mal à l'Archevêque de Cologne, de ce qu'il n'a pas défendu le passage du Rhin dans le tems qu'il falloit le défendre. Il est arrivé ici un Capitaine des troupes du Duc de Veimar avec 150 Drapeaux pris sur les ennemis, pour les porter en France & les présenter au Roi. Les dernieres lettres portent que S. M. Tres-Chret. étoit sur le point de faire un voïage à Lion. On ne sçait point encore si elle ira en Catalogne ou en Italie ; ce qu'il y a de certain est que de quelque côté qu'elle aille, sa présence donnera un grand branle aux affaires. Je n'espere rien de bon des Portugais. Ils ont affaire contre un ennemi affoibli & presque coupé, & avec cela ils ne font rien. Ils devoient mieux soû-

soûtenir la bonne opinion qu'on avoit d'eux; car venant à manquer dans les premieres démarches on donne lieu de tout croire. Ajoutez à cela qu'étant dépourvûs de toutes les choses nécessaires pour faire quelque entreprise, ils ne pourront pas soûtenir long tems un si pesant fardeau. Les Etats ont délibéré sur de nouveaux secours qu'ils doivent envoïer au Printems prochain; mais je ne sçai point ce qui a été résolu. Pour ce qui est de l'Angleterre, on en dit des choses étonnantes. Les Etats ont dessein d'y envoïer des Ambassadeurs pour, en qualité de Médiateurs, terminer les différends qui sont entre le Roi & ses Sujets. On dit que le Trésorier Brosserus, & deux autres ont déja été nommés pour cet effet. M. de Zulichem qui est fort de vos amis, m'a envoïé ces petits livres pour vous les communiquer & à M. le Bailli, à qui je vous prie de faire mes civilités. Il n'ira point à Amsterdam que nous ne fassions en sorte qu'il nous soit permis d'assister aux festins de ceux qui rafinent davantage là-dessus. Nous recevrons peut-être aujourd'hui ou demain des nouvelles de votre Poëme. J'espere qu'elles seront telles que si un Censeur vous faisoit des demandes sur ce sujet, vous pouriez lui répondre en ces termes, C'est comme je le souhaite. Je vous souhaite pareillement, Monsieur, une tres bonne santé. A la Haie le 8. Fevrier 1642.

Ma femme vous présente ses civilités, & à toute votre famille.

LETTRE LII.

De M. J. Vicquefort a M. G. Barlée.

Pour Amsterdam.

MONSIEUR, & tres cher Ami.

Je ne vous incommoderai pas d'une longue lettre, de crainte de mettre la pâture derriere les ânons de Monsieur de Zulichem. Etant tombé, en quelque façon par hazard, sur un écrit de Monsieur Descartes contre un Pédant de Théologien, ou plus tôt contre un Pédant d'Utrecht, imprimé sous le nom de H. Regius, j'ai cru que je devois vous en faire part, pour cette raison que l'un s'éloigne trop des sentimens des anciens Philosophes, & que l'autre passe les bornes de la modestie & de la modération.

Vous

Vous nous ferez le plaisir de nous mander librement votre avis là-dessus. J'ai dit à M. de Zulichem le malheur qui est arrivé à la charmante Tesselle. Une lettre de votre part qui marque à cette belle combien vous étes touché de son affliction, ou plus tôt les vers que votre douleur arrachera de vous, bon gré malgré que vous en aïez, lui serviront de remede. Si votre Muse vous inspire quelque chose de plus agréable, quoique vous le retouchiez, faites en sorte qu'il soit mieux traité que ne l'à été une tres innocente Veuve. On attend toûjours avec beaucoup d'impatience la Reine d'Angleterre, & l'Epouse du Prince Guillaume avec elle. C'est ainsi que le Roi lui même l'appelle dans sa derniere lettre. Monsieur Henflit a écrit du vingt-sixiéme Février, qu'elles étoient toutes deux arrivées à Douvres; de sorte qu'on n'en peut plus douter, quoi qu'il y ait des gens qui croient qu'il pourra survenir des difficultés qui empêcheront l'éxécution de cette affaire, parce qu'elle dépend de trois choses qui sont autant de simboles de l'inconstance, sçavoir d'une femme, du Vent, & du Parlement.

Pour vous, Monsieur, croïez-moi toûjours votre ami constant & tres affectionné. Adieu à vous, & à toute votre famille. A la Haïe le 1. jour de Carême 1642.

Si vous jugez à propos d'informer le tres noble Hoofd, de l'arrivée de la Reine, vous pouvez le faire quand vous vous trouverez avec lui.

LETTRE LIII.

De M. G. Barlée a M. J. Vicquefort.

MONSIEUR,

Je vous remercie tres humblement de ce que vous m'avez envoïé ces écrits de controverse. Je les ai lus avec la même avidité que nous avons coûtume de manger des huîtres fraîches. Mais pardonnez, je vous prie, l'aveu que je vous fais: je n'estime pas tant les formes substantielles ou essentielles que je croïe qu'il soit maintenant tems de déclarer mon sentiment sur ce sujet. Vous sçavez bien que je ne suis pas sur un pied à pouvoir condamner Aristote sans l'avoir entendu, & que je ne me suis pas non plus engagé à le suivre. J'ai quelque

que chose a dire sur le sentiment du tres sçavant Descartes, mais je le dirai lors qu'il sera tems, & qu'il se sera expliqué plus au long & plus clairement. Aussi tôt apres votre départ je me suis dégagé des trois Veuves. Elles n'occupent plus mon esprit; j'ai composé, à votre priere, une plainte contre l'oeil gauche de Tesselle. Quand vous l'aurez lue, vous la donnerez, s'il vous plait, à M. de Zulichem. Elle a plu au Bailli : n'en refusez pas la lecture à M. Braset, ni à M. Catzius, s'il souhaite de l'avoir. Adieu, Monsieur, & le meilleur de mes amis; saluez, je vous prie, de ma part Madame votre tres chere Epouse. A Amsterdam le 10. Mars 1642.

G. BARLEE.

LETTRE LIV.

De M. J. Vicquefort a M. G. Barlée.

Pour Leide.

MONSIEUR, & tres cher ami,

La Boussole que nous avions jusqu'à présent attendue avec tant d'impatience, est enfin arrivée de France avec des lettres de son Eminence Monsieur le le Cardinal de Richelieu, & du tres Illustre Ambaſſadeur L'un & l'autre méritent d'être remerciés; ce n'eſt pas néanmoins pour cette raiſon que je ne vous envoïe pas ce préſent, mais parce que je fais autant de ſcrupule de le confier au batelier que de découvrir en votre abſence ces myſteres d'Eleuſis. Vous excuſerez, s'il vous plait, ce ſcrupule, & ſi je ne ſatis fais pas à ce que vous ſouhaitez. Je vous prie de croire que votre abſence me cauſe beaucoup de chagrin. Adieu, Monſieur, je vous ſalue vous & vos Veuves. Aſſûrez de mes reſpects, ſi cela ne vous fait point de peine, tous nos amis, & ſur tout le tres noble Schonckius. Ecrit à la hâte à Amſterdam le 26. Avril, & ſi ne me trompe le jour de Pâques Fleuries 1642.

Je ferai vos excuſes à Monſieur de la Thuillerie de ce que vous ne lui avez point écrit.

LETTRE LV.

De M. J. Vicquefort a M. G. Barlée.

Pour Amſterdam.

MONSIEUR,

Si vous croiez qu'il y ait de ma faute

faute de n'avoir pas répondu plus tôt à vos trois lettres, j'espere que vous aurez égard aux raisons qui m'en ont empêché. J'ai été accablé d'affaires, & le peu de tems, que j'ai eu à moi, ne m'a pas permis de vous satisfaire, ni de me satisfaire moi-même. Hier apres avoir fait la débauche, comme je fus de retour à la maison, je donnai ordre à mon Leonard de vous mander par Kempius la route que tiendra la Reine. Sa Majesté partira Dimanche prochain apres midi, & ira coucher à Gouda, pour être le lendemain à Viane, & le jour suivant à Bure. Ce sera quelque chose de beau à voir, que l'Infanterie & la Cavallerie armée de toutes pieces, & rangée en bataille dans la campagne, puisqu'elles n'ont jamais paru avec plus de magnificence. J'avois résolu de vous accompagner jusqu'à Bosleduc, d'où l'on poura presque voir la revûe qui se doit faire, afin de me rendre avec Monsieur Grosie près du Comte d'Eberstein, & des troupes de Hesse; mais comme je vous attens encore vers la Fête de la Pentecôte, je ne l'ai pas voulu faire de crainte de me priver de plus agréables plaisirs. J'ai fait tout

tout ce que j'ai pu pour la veuve que vous m'avez recommandée. Notre ami M. de Zulichem m'a dit que le Prince ne pouvoit rien faire sans l'information du juge de Bevervick. Si elle est favorable à cette personne, elle lui fera avoir sans aucune peine sa grace de son Altesse. Adieu, Monsieur, je vous salue, vous & toute votre famille. Ecrit à la Haie le 31. de Mai 1642.

J'ai reçu de M. l'Ambassadeur Grotius ses observations sur les remarques d'André Rivet, que je vous envoïerai dans peu ; il y a joint une lettre à Jacques Laurent.

LETTRE LVI.

De M. J. Vicquefort à M. G. Barlée.

MONSIEUR,

Je ne lasserai pas votre patience par une longue lettre. Le peu de tems que j'ai présentement ne me le permêt pas. Nous pensons tout de bon à vous aller voir, mais comme nous ne sçavons pas quel jour nous partirons, vous pouvez librement aller à Bevervick. Si par

par hasard je puis me rendre à Amsterdam avant votre retour, je vous ferai savoir aussi tôt le jour que nous pourons nous voir dans le Païs du Beemster. Là, aprés avoir mangé du fruit pendant deux jours, nous verrons ensemble en quel lieu vous vous établirez. Je ne souhaiterois pas que vous fussiez Ubiquitaire, car être par tout, c'est comme si on n'étoit nulle part: mais je suis surpris que vous songiez à demeurer à Utrecht, à Muyde, à Alcmar, & que vous ne pensiez point à ce lieu-ci qui est si agréable. Avez vous si fort oublié les promesses que vous nous avez faites à ma femme & a moi, aussi bien que celles que vous fites il n'y a pas long tems à plusieurs Conseillers de la Cour, & a d'autres personnes de nos amis. Le tres Illustre Franconi a eu tant de joie de ce que je lui ai fait espérer que vous viendriez ici, qu'il a bu pour le moins deux verres de Vin à votre santé. Je l'avois été trouver pour sçavoir la sentence & le jugement de la Cour touchant l'affaire du mari de cette femme que l'Epouse de Monsieur Arminius avoit recommandée. J'ai sçu de lui que le jugement de cette affaire

faire n'étoit pas comme il l'auroit souhaité, mais néanmoins vous ne devez pas douter que les amis que vous avez dans le Conseil n'aïent fait quelque chose à votre considération. Mais comme ce sont des gens de probité & qui sont établis pour rendre la justice, ils n'ont pas voulu la violer, ni blesser leur conscience. C'est à eux d'examiner les crimes, & à nous d'acquiescer à leur jugement. Je ne doute point que tout ne soit dans la joie chez Monsieur Clock, puisque vous même y en aurez donné. Jamais les Veuves n'ont été dans une plus haute estime, ni plus honnorées qu'elles sont aujourd'hui depuis qu'elles ont trouvé un si habile Panégyriste de leurs vertus. Vous avez bien fait de composer des vers à la loüange de notre ami Van der Bruck; mais vous avez mal fait de me citer, si ce n'est qu'on doive approuver d'être loüé par un honnête homme. Pour ce qui est des nouvelles publiques, je pourois vous en écrire, que vous ne seriez pas marri de sçavoir; mais comme le chariot est sur le point de partir, je suis obligé de finir ma lettre. Je vous dirai néanmoins que le Duc de Bouillon a été arrê-

arrêté à Casal pour quelques desseins pernicieux qu'il avoit communiqués à Deffiat, à de Thou, & à d'autres. La Duchesse son Epouse s'est aussi tôt retirée à Sedan, où elle a fait entrer quatre Régimens Lorrains. Les François craignant qu'elle ne s'engageât avec les Espagnols, se sont aussi tôt approchés de cette place avec une armée qui sera suivie d'une autre commandée par le Comte d'Harcourt. On assûre aussi que François de Melo marche à grandes journées au secours de la Duchesse. Nous pouvons nous attendre de voir naître delà de nouveaux troubles, & peut-être quelque combat. Ecrit à la hâte à la Haie le 15. Juillet 1642. Nous saluons tres humblement vos fils & vos filles. Ma femme vous fera réponse au plus tôt.

LETTRE LVII.

De M. J. Vicquefort a M. G. Barlée.

Pour Amsterdam.

MONSIEUR, & tres cher Ami,

Comme je prenois hier la plume pour faire réponse à votre premiere lettre, j'en reçus une autre remplie des mêmes

mes témoignages d'affection. Cela s'appelle, Mon tres cher ami, obliger honnêtement une personne, qui a manqué à son devoir, à s'en acquitter mieux. Je remis néanmoins à aujourd'hui à vous faire réponse, afin de m'informer à Messieurs les Conseillers de la Cour de Hollande de l'affaire de cette femme de Bevervik, pour vous en mander quelque chose de positif. Pour cet effet j'allai hier trouver le tres illustre Dedelius, & comme je lui demandai si on avoit rendu quelque sentence sur ce sujet, il me répondit qu'il n'en sçavoit rien, parce que cette affaire avoit été distribuée à d'autres. J'irai tout à l'heure chez Monsieur Frankius, afin que vous puissiez au moins sçavoir par cette lettre ou l'issue ou l'état de cette affaire. Je vous remercie tres humblement de l'Epithalame que vous avez fait sur le mariage ou les vieilles amours de M. Bicker; j'en envoîrai de votre part aux tres Nobles & & tres Illustres Mylius & Catzius une copie à chacun, & je garderai la troisiéme pour moi. J'ai deviné sans peine pourquoi parmi tant de personnes qui ont été Echevins ou Conseillers, & parmi mi tant de Dames si sérieuses, vous avez fait le Philosophe plus tôt que le Poëte; mais je ne sais si un sujet aussi sublime qu'est celui du corps humain, & des Muscles des ïeux, aura été à la portée de l'esprit de ces trois soeurs auxquelles vous vous étes attaché. Je crois néanmoins que vous avez bien fait, parce que par les raïons de votre sagesse vous éclairez quelquefois leurs esprits ignorans, & leurs passions aveugles. Vous ne devez pas douter que nous ne soions à Amsterdam vers le tems des vacations. J'ai dessein d'aller voir le tres Noble Bailli, & de me rendre avec ma femme au Païs du Beemster à condition néanmoins que vous reviendrez ensuite ici avec nous: car nous ne voulons pas être séparés apres un feu de plusieurs jours. Pour ce qui est des affaires publiques je ne sçaurois presque vous mander aucune chose que vous ne l'aïez sçue d'ailleurs. Le grand Cardinal de Richelieu a donné de nouveau des marques non seulement d'un courage invincible & d'une constance admirable, mais aussi tout ensemble de prudence & de fidelité. Tout le monde le croïoit déja disgracié du Roi

Roi, & abandonné aux insultes du Peuple, lorsque son rival, & ses ennemis jurés qui s'étoient ligués ensemble, ont été mis en prison par ordre de sa Majesté, de sorte qu'il est en faveur comme auparavant. Le bruit commun est que Deffiat, qu'on a appellé jusqu'a cette heure Monsieur le Grand, avoit avec ses autres complices formé le dessein de faire la paix ou une Trêve avec les Espagnols, & ainsi de rétablir à la vérité la tranquillité dans la France, mais de faire mourir le Cardinal, & de faire porter aux Suedois & aux autres Alliés tout le faix & tous les risques de la guerre. En Angleterre les deux partis se préparent à la guerre, Le Roi, à ce qu'on dit, a beaucoup de personnes pour lui, quoique M. Joachimi ait écrit, il n'y a pas long tems à Messieurs les Etats, que tous ces milliers d'hommes qui se rendirent il y a quelque tems par ordre de S. M. dans la Province d'York, avoient offert leurs services au Roi & au Parlement tout ensemble. Les Parlementaires ont fait requérir les Etats par l'Envoié Joachimi d'empêcher le transport des armes que le Roi fait acheter en ces Provinces. Cela a dona donné lieu à plusieurs délibérations, mais néanmoins on n'a encore rien accordé; je pourois vous mander plusieurs autres choses sur ce sujet, mais je remets à vous les dire de bouche. Le Lieutenant du Gouverneur de Mastricht Steincallenfels a écrit du 28. de Juin que François de Melo n'avoit pas encore passé la Meuse avec son armée, mais qu'il pensoit plus tôt à envoïer ses troupes du côté de Sedan pour s'opposer aux desseins du Comte d'Harcourt. Nos troupes sont si bien postées des deux côtés du Rhin, qu'elles n'ont rien à craindre, pourvû qu'elles se tiennent bien sur leurs gardes. C'est presque tout ce que j'ai apris. Si vous sçavez quelque chose des progrés des Suedois dans la Moravie, ou des Hollandois dans les Indes, vous me ferez plaisir de me le mander. Cependant je vous baise les mains & à tous vos fils & a vos filles, & je vous souhaite à tous une bonne santé. A la Haie le premier jour d'Août. 1642.

J. VICQUEFORT.

Ma femme & ma soeur vous saluent tres affectueusement.

LETTRE LVIII.

De M. J. Vicquefort a M. G. Barlee.

Pour Amſterdam.

MONSIEUR,

Comme je me ſuis fait il y a long tems un devoir, non ſeulement de vous aimer, mais encore de vous croire fidele & ſincer, j'ai beaucoup d'eſpérance que vous ſerez ici demain. Si vous tardez plus long tems, Thetis avec toutes ſes eaux ne ſera pas capable d'effacer votre faute. Je ſouhaiterois fort avant que vous partiez pour l'armée de joüir de votre converſation. Si ma lettre vous trouve encore à la maiſon, ce que je ne crois pourtant pas, apportez, s'il vous plait, le remerciment que vous avez envoïé au plus Eminent des Cardinaux. Le tres Illuſtre Ambaſſadeur la Thuillerie écrit que M. le Comte de Chavigny lui a mandé que vos dernieres lettres lui avoient bien été rendues, mais qu'il n'avoit point reçû les vers. Si j'en avois une copie, je vous épargnerois la peine de les écrire. On va mener à Lion le Duc de Bouillon, & les autres qui ont été arrêtés. Le Chan-

Chancelier doit aussi s'y rendre pour juger leur affaire avec les autres juges qui ont été nommés. On dit que le Roi a menacé la Duchesse de lui envoïer la tête du Duc son Epoux, si elle recevoit garnison Espagnolle. Cette Princesse & sa Belle mere ont écrit à Madame la Landgrave & aux Princes d'Orange, afin qu'ils intercedent pour son Epoux. Les deux Princes ont satisfait au devoir de parenté, mais comme ils ne sçavent pas tout ce qu'il y a de particulier dans cette affaire, ils sont fort marris de n'avoir pu agir pour ce Prince innocent, comme ils auroient souhaité. Le Gouverneur de Perpignan avoit commencé de capituler, mais ç'a été en vain, parce qu'il demandoit un trop long délai pour rendre la place. Je ne doute point néanmoins que Samedi prochain nous ne sçachions la fin de cette affaire. Toute la famille vous salue. Ecrit à la hâte, & dans le tems que l'on m'appelle pour dîner avec Cordesius, Volbergius, & d'autres. Adieu, & venez. A la Haie le 3. Août. 1642.

J. VICQUEFORT.

LETTRE LIX.

De M. J. Vicquefort a M. G. Barlée.

Pour Amsterdam.

MONSIEUR, & tres cher Ami,

Depuis que j'ai été obligé de garder le lit, je n'ai pu encore prendre la plume pour écrire; mais comme vous me témoignez que vous souhaitez que je le fasse, & parce que vous étes mon intime ami, je ne sçaurois vous refuser cette satisfaction. Voici le dixiéme jour, que je suis arrêté au lit. Mon mal a commencé par une fiévre continue & tres forte, laquelle pendant les trois premiers jours m'a causé un si grand assoupissement, qu'il m'étoit impossible de l'empêcher. Le tres Illustre Rumpfius a attribué cet assoupissement à une trop grande réplétion. Il a eu raison, comme il a paru par une Eresipele dans tout mon corps, laquelle m'a défiguré tellement le visage par des tumeurs & des pustules qui s'y sont élevées, que vous auriez eu de la peine à reconnoître votre ami. Je suis à présent, graces à Dieu, délivré de ces maux fâcheux & importuns, & non seulement je je commence à trouver du gout à ce que je mange, mais j'ose encore me montrer à ceux de mes amis qui me viennent voir. J'ai résolu de me lever demain, & de me promener, mais seulement dans ma chambre, afin de voir si je serai assez fort, ou trop foible pour marcher. Nous demeurons maintenant dans une maison qui n'a point de frontispice, de sorte que nous avons toutes les nuits deux gardes. Dans un mois vous nous verrez comme sont nos voisins qu'on à jusqu'à présent plus estimés que nous, & à qui nous avons été en quelque maniere inférieurs. Quand vous reviendrez ici, vous trouverez la maison, & le maître en meilleur état. Je me réjoüis que votre voïage d'Utrecht ait eu le succés que vous souhaitiez; mais je m'étonne que vous ne me marquiez rien du long entretien que vous avez eu au sujet des écrits de Descartes, & que M. de Zulichem rapporte dans sa lettre. Je ne conçois pas ce qu'il veut dire, qu'il n'y a rien de plus captieux que l'ingénuité de ce personnage, & que dans la simplicité de ses paroles il y a une grande sagesse, que la pluspart de ceux qui le lisent

 ne

ne comprennent pas. Autant que j'en puis juger, il seroit bien aise de vous commettre tous deux, ce que je ne vous dissuaderois pas, si c'étoit une chose qui en valût la peine. Adieu, Monsieur, & tres cher Ami, je vous baise les mains, a vous & à toute votre famille. Ecrit en mon lit, le 6. Septembre 1642.

J. VICQUEFORT.

On assûre que Perpignan a capitulé; je vous envoîrai demain les écrits de M. Huigens.

LETTRE LX.

De M. J. Vicquefort a M. G. Barlée.

Pour Amsterdam.

MONSIEUR, & tres cher ami,

Je vous écrivis derniérement étant au lit & malade, maintenant je vous écris me portant bien par la grace de Dieu, & par les soins du tres Illustre Rumpsius. Si j'avois assez de force, j'irois vous trouver pour achever de rétablir ma santé par le changement d'air, & par les agréables entretiens que j'aurois avec vous. Cela poura peut-être se faire dans quelques jours, s'il ne me sur-

ſurvient point d'empêchement. Je vous renvoïe la lettre & les vers du tres Noble Zulichem. On agit tout de bon en Angleterre, & non plus par des libelles. Les troupes du Roi, & celles du Parlement, ſe ſont battuës à coups de canon & de mouſquet; mais comme les premieres étoient inférieures en nombre, elles ont été miſes en fuite avec perte de ſoixante & quelques ſoldats, & de quelques canons, & obligées de ſe retirer plus avant dans le Païs. Je plains ce tres bon Roi, à qui le ſecours manque plus tôt que le bon droit, d'être contraint, ce ſemble, de céder à la néceſſité, & de recevoir la loi de ceux auxquels il avoit coûtume de la donner. Les armes que la Reine avoit achetées de ſon argent dans ces Provinces, ont été arrêtées par des Commiſſaires, ſuivant l'ordre des Etats de Hollande, & conduites ſous une bonne eſcorte à la Brille. Il eſt aiſé de juger combien le Roi ſera choqué de ce procedé, puiſque ſans ces armes il ne peut rien faire contre ſes ennemis; mais combien le Prince en doit-t-il auſſi être fâché, lui qui n'a rien oublié pour faire à tout le moins obtenir de raiſonnables conditions de paix au Roi ſon Allié & ſon Parent. Je ne vois pas pour quel ſujet la Province de Hollande favoriſe plus le Parlement que le Roi, ſi ce n'eſt qu'elle aimeroit mieux que l'Etat d'Angleterre fût populaire & conforme au ſien, que non pas Monarchique. Je crois que c'eſt là la ſeule raiſon qu'elle ait pour faire que les forces du Roi ſoient inférieures à celles du Parlement. Vous avez ſçû, ſans doute, qu'un Envoïé du Parlement à Meſſieurs les Etats s'étoit plaint que le Prince avoit envoïé du ſecours au Roi. Au reſte ces troubles de par delà la mer ne manqueront pas d'exciter en ce Païs-ci de grandes diviſions, qu'il ne ſera peut-être pas facile d'appaiſer. Les affaires de France vont mieux & plus à ſouhait. Le Marquis de las Flores d'Avila Gouverneur de Perpignan, ſe voïant réduit à la derniere extrémité, a enfin accepté les conditious ſuivantes; que le neuviéme de ce mois il remettroit la Ville & la Citadelle entre les mains des Maréchaux de France, ſi dans ce tems-là il n'étoit pas ſecouru des Eſpagnols, & même encore qu'il fût ſecouru, ſi le ſecours ne montoit pas à deux mille hommes.

mes de pied, mille chevaux, & deux cens chariots de provisions de bouche. Peut-être que Samedi prochain nous sçaurons l'issue de cette affaire. Le Roi d'Espagne étoit avec son armée à Sarragosse, & le Marquis de Tarraconse à Tarragone avec un plus grand nombre de troupes, dans le dessein de jetter du secours dans la place. Pour cet effet on avoit débarqué au Port de Roses huit mille hommes que la flotte d'Espagne y avoit conduits. Celle de France est dans le Port de Barcelone pour tenir les Catalans dans le devoir. En Italie le Duc de Longueville a assiégé Asti, & le Prince Thomas, Santhia; deux Villes assez fortes de Savoie, ou plus tôt de Piémont. On dit qu'on a découvert à Rome une conspiration tramée par les Lorrains & par les Bourguignons contre la personne du Pape, & que c'est pour cela qu'ils ont été chassés de la Ville. Il y est arrivé aussi quelques différens, & quelques désordres entre les Espagnols & les Portugais, au sujet d'un Bref du Pape, qui a été publié en faveur du Roi de Portugal, portant qu'il devoit être reconnu pour Roi légitime, puisqu'il a-

 voit

voit joüi paisiblement du Roïaume un an entier. Le Chancelier instruisoit à Lion le procés des prisonniers & accusés. On ne sçait point encore quelle issue aura cette affaire, mais néanmoins on ne doute pas que le Duc de Bouillon n'ait la vie sauve, s'il veut céder au Roi la Ville de Sedan, laquelle a toûjours servi de retraite aux mal intentionnés. Je ne vous dirai rien davantage sur ce sujet, parce que vous en étes assez instruit d'ailleurs. Je vous souhaite de tout mon coeur, a vous & à toute votre famille, une parfaite santé. A la Haie le 14. Septembre 1642.

J. VICQUEFORT.

LETTRE LXI.

De M. G. Barlée a M. J. Vicquefort.

MONSIEUR,

Depuis votre départ je n'ai rien apris de vous, ni de ce qui vous apartient. Si vous, Madame votre chere Epouse, & vos domestiques, vous étes en bonne santé, tout va bien pour vous. Je ne vous demande point que vous m'écriviez: c'est assez que Gellius bâtit, il ne ne faut point d'autre excuse. L'air a été jusqu'à présent favorable pour bâtir ; vous l'avez eu sec & serain, & tres propre à joindre les pierres les unes aux autres. Maintenant je crois qu'on est apres à travailler au faîte de la maison, & que l'Architecte a dans ce tems de pluie un toît pour se mettre à couvert. C'est ce que je souhaite de tout mon coeur. Au reste, si tôt que la maison sera achevée de bâtir, j'irai en être le Censeur, & l'hôte tout ensemble. Je dînai hier avec M. Paul Wilhem qui est de retour de l'enterrement de feu M. Huigens. Si j'avois été proche de vous, j'aurois assisté avec vous en manteau long à ces funérailles. Mon fils est à Paris, d'où il doit passer à Orléans pour y prendre ses degrés ; ensuite de quoi il a résolu d'aller demeurer à Blois, ou à Saumur. Mais que les affaires vont mal, & sont dangereuses pour le Roi de la Grande Bretagne : Dénué de tout secours étranger & domestique, il est réduit à se soûmettre à la discrétion des Grands du Roïaume, à moins que Dieu ne vienne à son secours ; car c'est la seule ressource qu'il peut avoir dans son malheur. Le bruit court ici que son armée a été défaite, que lui-même a été fait prisonnier, & le Prince Robert tué. Mais je ne le sçaurois croire, & nous pouvons dire encore aujourd'hui, les Dieux se sont déclarés pour les vainqueurs, & Caton pour les vaincus. Les François, qui sont fort subtils, disent que le Duc de Bouillon à souffert qu'on lui arrachât ses dents * pour sauver sa tête. Vous entendez assez cette pointe, sans qu'il soit nécessaire de l'expliquer. Ecrit à la hâte le 5. d'Octobre 1642.

G. BARLEE.

LETTRE LXII.

De M. J. Vicquefort a M. G. Barlée.

Pour Amsterdam.

MONSIEUR,

Vous faites voir votre honnêteté en nous invitant d'une maniere tres obligeante, & nous, nous faisons voir notre rusticité par notre long silence. Vous voïez par là que, quoique nous soions proche de la Cour, nous en avons apris fort tard les manieres. Vous nous ren-

* *Il fait allusion à la ville de Sedan.*

rendez tout confus en ce que, voulant marquer jusques où va l'affection que vous avez pour nous, vous souhaitez que ma femme tienne la place de la Mere de l'Epousée. Comme cela ne se peut faire sans préjudicier au droit de sa Tante Paternelle, à qui cela appartient en qualité de plus proche Parente, je vous prie aussi de croire qu'il ne seroit pas bien séant pour nous d'accepter un tel honneur. Je ne puis pas encore vous assûrer quand nous serons à Amsterdam, parce que non seulement notre départ dépend en partie de l'affaire de Frise, mais aussi parce que ma femme n'ose pas laisser sa maison ouverte de tous côtés, ni son ménage tout en désordre. Si nous faisons ce voïage, ce que je vous manderai un peu auparavant, je ne ménerai que ma femme, & j'irai loger chez Laubengerius, quoi que mon frere Samuel, & le tres Noble Bailli m'aïent offert fort honnêtement leurs maisons. Ma soeur Elisabeth vous remercie tres humblement de la bonté, & de la bienveillance que vous lui faites l'honneur de lui marquer, & elle vous prie de croire qu'elle n'oubliera rien pour vous rendre ses services, lorſque l'occaſion s'en préſentera. Elle ſouhaite à l'Epoux & à l'Epouſe toute ſorte de ſatisfaction & de proſpérité. Dans le tems que je vous écris, on m'aporte votre lettre dattée d'hier, par laquelle vous me mandez que Monſieur de Zulichem étoit ſollicité depuis long tems de partir, mais qu'il ne tenoit pas à lui qu'il n'allât à Amſterdam. J'entendis dire dernierement à Monſieur d'Heenfliet qu'il vouloit envoïer une partie d'un Cerf ou d'un Faon. Je tâcherai demain de ſçavoir s'il le fera, & quand, afin que vous puiſſiez prendre juſtement vos meſures. J'irai auſſi trouver le tres Noble Mylius pour lui donner avis des nôces, & l'aſſûrer de votre affection envers lui. Je ferai réponſe au tres Noble Hoofd, afin qu'il n'attende pas en vain Monſieur Huigens. Nous demeurons à préſent ſous un toît, mais qui n'eſt pas encore couvert. Le bâtiment s'eſt fait fort lentement, quoique nous aïons eu un tems fort commode. On parle diverſement de l'état des affaires du Roi de la Grande Bretagne; mais tous conviennent en ceci, que ſa Majeſté Britannique marchoit droit à Londres avec

un

un Corps de douze mille hommes de pied, & de cinq mille Chevaux, & qu'elle étoit déja arrivée pres de Coventry, lorsque les troupes ennemies n'en étoient éloignées que de huit milles. Ainsi nous attendons de l'Orient & de l'Occident des nouvelles de quelque action de grande importance. Cependant le Prince Guillaume donnera ce soir un bal pour célébrer le jour de la naissance de son Epouse. Je ne m'arrêterai pas à vous faire un récit ennuïeux des affaires d'Allemagne, puisque vous les sçavez avant nous. Je vous souhaite le bon jour & une parfaite santé; je souhaite le même à toute votre famille, & sur tout aux nouveaux mariés. A la Haie le 14. Novembre 1642.

J. VICQUEFORT.

LETTRE LXIII.

De M. J. Vicquefort à M. G. Barlée.

Pour Amsterdam.

MONSIEUR,

Le peu de tems que j'ai, fait que je ne vous écris que trois mots. J'ai entretenu M. d'Heenfliet sur les Nôces, pour

pour voir quelle venaison il vous envoïroit, & quand il auroit dessein de vous l'envoïer, afin qu'en attendant vous ne fassiez point de dépenses inutiles. Il m'a dit qu'il vous envoîroit demain ou apres demain un Faon, & trois ou quatre liévres. Il m'a fait espérer qu'il assisteroit à ces nôces, mais je ne fais pas beaucoup de fonds sur ces sortes de promesses. Il suffit qu'il envoïe ce qui pourra vous faire penser à lui dans son absence. Le départ de la Reine lui sera sans doute un obstacle à son dessein, & peut-être à moi, pour ne vous rien toucher de mes occupations. Je vous prie cependant d'être persuadé que j'aurai soin de vous faire sçavoir, si j'y irai, ou si je demeurerai ici. Ecrit à la hâte, à la Haie le 16. Novembre 1642.

J. VICQUEFORT.

LETTRE LXIV.

De M. J. Vicquefort a M. G. Barlée.

Pour Amsterdam.

MONSIEUR,

Quoique je ne fasse que de revenir du festin de Monsieur de Zulichem, je ne ſçaurois m'empêcher de vous dire en trois mots que nous ſommes encore dans la réſolution de vous aller trouver Samedi prochain, à moins que quelque accident ne nous en empêche. Mr. d'Heenvliet a dit derechef pendant le dîné, qu'il avoit réſolu de partir d'ici Dimanche, mais qu'il craignoit que le départ de la Reine, lequel avoit été remis à Jeudi prochain, ne l'empêchât d'éxécuter ſon deſſein. Le tres bon Vieillard Mylius mourut avant hier ſur les onze heures du ſoir, de ſorte que je ne puis plus lui parler, comme je ne l'avois pû auparavant à cauſe de mes occupations. Son Epouſe vous envoîra demain un Chou-Fleur, qui eſt tout ce qu'elle peut faire pour votre ſatisfaction. Je vous baiſe tres humblement les mains, de même qu'au Fiancé, à la Fiancée, & à vos autres filles. Continuez-moi, s'il vous plait, votre amitié. Ecrit à la hâte le 19. Novembre 1642.

J. VICQUEFORT.

LET-

LETTRE LXV.

De M. J. Vicquefort a M. G. Barlée.

MONSIEUR, & tres cher Ami.

Si je ne craignois de vous fâcher, j'abandonnerois entiérement le dessein de partir, tant je suis occupé d'affaires, & tant je trouve d'obstacles. Apres la conférence que j'ai euë aujourd'hui touchant l'affaire de Frise, Messieurs les Etats en ont résolu une autre pour demain, au sujet de quelque chose qui ne vous est pas encore connuë. De là il faudra aller trouver le Prince, pour lui expliquer ce dont notre tres Illustre Princesse nous a chargés. J'ai encore d'autres choses à faire qui regardent le ménage & le domestique, de sorte que je n'ose presque pas me promettre de partir avant demain au soir. Peut-être même que ce voïage ne plaira point à ma femme, & qu'il faudra remettre à partir jusqu'au lendemain matin. Mais si nous ne le pouvons pas faire pour lors, qu'est ce que vous penserez? rien de desavantageux, à ce que j'espere; mais seulement vous conjecturerez, que quel-

quelque accident, ou quelque raiſon légitime nous aura retenus. Cependant je ſuis toûjours réſolu de partir d'ici, mais néanmoins nous aurons beaucoup fait, ſi nous pouvons être Dimanche ſur les ſix heures du ſoir avec vous. La Reine ſe diſpoſe à partir Jeudi prochain, ce qui ſera auſſi que nous partirons Mardi, ſi nous allons à Amſterdam : car je ne puis pas me diſpenſer de rendre mes devoirs à ſa Majeſté, & de lui ſouhaiter un hûreux retour dans ſon Roïaume. Si je vais vous voir, je vous dirai à tous ce que les lettres de demain auront apporté, ſi non, vous vous contenterez de celle que je vous écrirai, & tout enſemble de mes excuſes. Cependant je me recommande à vous tous. Ecrit à la hâte, à la Haie le 21. Novembre 1642.

On envoîra demain les Choux-fleurs par la barque ordinaire, on ne l'a pu faire aujourd'hui à cauſe de quelques empêchemens qui ſont ſurvenus. Il y en aura douze en tout.

LET-

LETTRE LXVI.

De M. J. Vicquefort à M. G. Barlée.

MONSIEUR, & tres cher Ami,

Vous pensez trop tard à vous acquitter de votre devoir, puisqu'il y a déjà long tems que le tres Noble Mylius est enterré. Si vous avez fait un Epitaphe ou un Chant à sa mémoire, vous me ferez plaisir de m'en envoïer une copie. Je vous remercie tres humblement de l'Epithalame que vous m'avez envoïé. Pour ce qui est de ceux qui étoient pour d'autres, Léonard a eu le soin de faire ce qu'il falloit. Nous vimes ici la semaine derniere le tres Noble M. le Bailli avec sa Créüse, mais seulement comme en passant. Ils arriverent environ à Midi, de sorte que nous ne pumes leur donner qu'un dîné fort médiocre, & même tel que le Juif Apella n'auroit pas voulu prendre. Apres le dîné nous allames voir la maison de M. de Zulichem; mais comme il n'y étoit pas, ils furent privés de la satisfaction qu'ils s'attendoient d'avoir. Etant de retour à la maison, ils allerent aussi tôt & sans s'ars'arrêter à la barque de Delft. Monsieur de Zulichem l'aïant su le lendemain, se plaignit fort de leur impatience, & de leur retour précipité, ne pouvant pas s'imaginer que des personnes qui témoignoient depuis long tems presser avec tant d'instance un homme aussi occupé que lui de venir à Amsterdam, s'en soient allés sanr l'avoir vû. Je recommanderai demain Dankartius non seulement à M. Graphiarius, mais aussi à quelques uns de MM. les Etats. Pour ce qui est de l'affaire de Frise je n'ai rien à vous mander. Apres quelques conférences nous nous sommes séparés sans l'avoir terminée, parce que nous n'aurions pu consentir à la sortie de la garnison, sans préjudicier à son Altesse Madame la Landgrave, de sorte que toutes choses demeureront dans leur premier état, jusques à ce que quelque plus hûreux succés nous fasse trouver une autre demeure. On ne parle point du tout du voïage de la Reine; je ne sçaurois bien vous dire si c'est à cause du vent contraire, ou à cause de sa mauvaise fortune, quoi qu'a la Cour on ne dise rien que d'avantageux & d'agréable pour sa Majesté. Quoiqu'il en soit à cet égard,

gard, on tient pour assûré que le bruit qui s'étoit répandu de la mort des Princes Palatins est tres faux. Je ne doute point que vous n'aïez entendu dire que le Roi de Dannemarc avoit fait partir pour Newcastel deux vaisseaux avec le Lieutenant Amiral Ulefelt; mais quoi que ce Seigneur soit envoïé pour, en qualité d'Ambassadeur, proposer des conditions de paix au Roi & au Parlement, il ne faut pas néanmoins douter qu'il ne soit suspect à plusieurs, à cause de la parenté de son Maitre, & de l'autorité Roiale qu'il soûtiendra indubitablement. On écrit beaucoup de choses de Paris touchant la révolte qui est arrivée dans le Roïaume de Méxique. Je n'ose pourtant pas y ajoûter encore foi, quoi qu'on dise qu'un Anglois qui étoit parti de Madrid le vingtiéme de Novembre a aporté cette nouvelle. Adieu, Monsieur, je vous baise tres humblement les mains, à vous & à toute votre famille. A la Haie le 7. Decembre. 1642.

J. VICQUEFORT.

LET-

LETTRE LXVII.

De M. J. Vicquefort. a M. G. Barlée

MONSIEUR, & tres cher Ami,

Le tres Noble Mullerius qui vous portera cette lettre, est du nombre de mes amis, & même de ceux qui à cause de leurs belles qualités & de leurs vertus doivent être aimés de tous les gens de bien. Comme il recherche de lui même votre amitié, je n'ai pu lui refuser mon entremise pour la lui procurer, ne doutant point que vous ne répondiez à cette avance pleine d'affection, avec toute l'honnêteté qu'elle mérite. Illustre depuis long tems par sa qualité d'Envoïé aupres de l'Empereur, il a encore fait pendant quelques mois la même fonction aupres de Messieurs les Etats Généraux des Provinces Unies, dont s'étant tres bien acquitté, il se dispose enfin à retourner à Hambourg sa Patrie. Comme il est Sénateur Patricien, & un des plus riches, de même qu'un des plus sçavans de sa Ville, vous pouvez aisément juger de là avec combien de gloire il tiendra son rang. S'il vous demande une

une inscription pour mettre sur le tombeau d'un de ses amis, je vous prie de lui accorder une chose si raisonnable, & de ne pas refuser à une si honnête personne un petit travail dont vous verrez qu'il ne sera pas ingrat. Nous n'avons rien apris du Prince, si ce n'est qu'il a été débarquer avec son armée au Fort Philippine sur la Côte de Flandre. Son Camp s'étend vers Assenede, & quand il sera fortifié, il y a apparence qu'on n'entreprendra rien de considérable, & qu'on se contentera de faire diversion des forces des ennemis, de crainte que pendant le siége de Thionville, ils ne fassent une irruption en France. François de Melo alla le quatriéme de ce mois avec les principaux Généraux à la Forteresse qu'on appelle le Sas de Gand, d'où l'on tira dans ce même tems plusieurs coups de canon, mais qui ne firent aucun dommage. Le lendamain il se rendit de Gand à Bruges avec quarante Régimens de Cavallerie. On dit que la Province est déja toute en armes, ce qui fera perdre aux nôtres l'espérance de faire un siége ou quelqu'autre entreprise. Comme ma maison est à présent achevée,

&

& qu'il n'y manque rien pour y recevoir mes agréables hôtes, je vous prie de faire en sorte que vous puissiez engager le tres Noble Bailli à venir au plus tôt avec Mad. son Epouse, ses fils, ses filles, & vous avec eux. Nous ne manquerons pas de chambres, de lits, & de Carosses. Si les viandes & la boisson ne sont pas des plus délicates, nous recompenserons largement cela par la promenade, & par la conversation. Ecrit fort à la hâte, à la Haïe le 8. Juillet 1643.

LETTRE LXVIII.

De M. J. Vicquefort à M. G. Barlée.

Je vous envoïe, Monsieur & tres cher Ami, la lettre & les vers du tres Noble Zulichem. Vous verrez que la lettre qui a été faite à l'armée, est mêlée de sesame & de pavot, & que les vers qui ont été faits à la Cour sont pleins de vinaigre & de bile, en sorte que vous diriez que Pallas est plus douce avec ses armes que quand elle a quitté sa lance & son casque. J'avois de quoi répondre au jourd'hui en votre faveur aux mots piquans qu'on a avancés contre vous.

Mais je n'ai pu le faire à cause du deuil, & de l'extréme tristesse que j'ai euë de la mort du Marquis de Gerri. Ce jeune Seigneur qui étoit si généreux a été tué non d'un coup de mousquet ou de canon, mais d'une pierre qu'une mine à laquelle on avoit mis le feu à l'impourvû, a fait sauter, & qui l'a renversé mort comme il encourageoit ses soldats, & qu'il étoit dans la fleur de son âge, puisqu'il n'avoit pas encore atteint vingt-six ans. Comme toute la Cour est extrémement affligée d'un accident si fâcheux, il ne m'est pas facile de l'oublier, principalement à cause de la grande amitié qu'il a euë pour moi pendant son vivant. Ce me feroit une grande consolation, si je pouvois obtenir de votre Muse qu'elle voulût faire le portrait de ce jeune Seigneur si accompli. Afin que vous sçachiez quel il a été, il est nécessaire de vous dire quelque chose de ce qui fait à sa loüange. A peine avoit-il passé sa vingtiéme année, qu'il apprit qu'on l'avoit fait Capitaine aux Gardes, en la place de son Pere encore vivant, & qu'on lui avoit promis le Gouvernement de Caen apres la mort de son

Pere.

Pere. Depuis la guerre commencée entre les François & les Espagnols, il ne s'est point passé d'année qu'il n'ait donné des marques d'un vaillant soldat & d'un grand Capitaine. Tout le monde avouë qu'au siége de Fontarabie il s'est comporté d'une maniere que quoique cette expedition n'aît pas réüssi (soit que cela soit venu du courage des ennemis ou de la lâcheté des François, ce qui est incertain) il s'y est acquis néanmoins beaucoup de gloire, y aïant, si je ne me trompe, reçû trois blessures. On sçait aussi avec combien de gloire il a combattu dans le tems du siége d'Arras par les Espagnols, puisque ceux-ci ne l'ont pris qu'apres qu'il a été percé de douze coups. Je crois que vous m'avez souvent entendu dire, qu'apres avoir été fait prisonnier il avoit été mené à Gand avec le tres Noble Aiguebèrius, & qu'aïant été detenu pendant quelques mois dans le Château de cette Ville-là, il avoit ensuite été échangé contre un Espagnol de grande qualité. Enfin suivant toutes les lettres, à ce dernier & funeste siége de Thionville, il n'a cédé en vigilance, en bravoure, & en courage, à aucun des

Chefs. Ce tres généreux Seigneur avoit l'ame élevée, & croïoit n'avoir pas assez fait, s'il ne témoignoit tous les jours par des actions héroïques qu'il étoit né pour quelque chose de plus grand. Mais la Parque lui a envié ce bonheur dans le tems que la Ville étoit sur le point de se rendre. Si la gloire de tant d'illustres actions mérite les loüanges des beaux esprits, je vous prie, Monsieur, vous qui étes le plus obligeant de tous les amis, de ne pas refuser les vôtres à la mémoire d'un Seigneur d'un courage, & d'un mérite distingué. Monsieur de Zulichem & moi, nous vous en serons fort obligés. Touchant le siége de Thionville, il n'y a encore rien de certain. Quelques lettres d'Anvers marquent que la ville étoit renduë; d'autres lettres en parlent douteusement. Les premieres disent qu'elle avoit été emportée le neuviéme de ce mois à un septiéme assaut. J'ai dessein d'aller à Amsterdam vers la fin de cette semaine, s'il ne me survient point d'empêchement. Nous y demeurerons assûrément quelques jours, & nous y attendrons le retour du Bailli s'il n'est pas à Muyde. Cependant je vous

vous souhaite de tout mon coeur, à vous & à toute votre famille, une bonne & hûreuse santé. A la Haie le 16. Août 1643.

Les soeurs Treslongie vous saluent tres humblement. La plus jeune attend réponse de votre fille Anne.

LETTRE LXIX.

De M. G. Barlée a M. J. Vicquefort.

MONSIEUR,

Vous avez quelquefois fait un plus grand crime que celui d'avoir ouvert la lettre de mon ami du Païs de Liége. Le crime que je veux dire est au sujet de la lettre que j'écrivois à une tres Noble Veuve, & que par le pouvoir que vous avez sur moi, lequel vous a persuadé que la chose étoit pardonnable, vous avez souffert que d'autres lûssent avant cette Dame. Ce crime tel qu'il soit a dû être expié par une abstinence de plus d'un baiser. Je n'ai rien de particulier avec l'Agent du Païs de Liége, mais j'ai beaucoup à faire, & même plus que je ne le puis dire, avec les Veuves, les Théologiens, les Chimistes, les Politiques,

& les Médecins; les Veuves mêmes ont leurs mystéres qui ne doivent pas moins être secrets que ce qu'on dit à l'oreille d'un Confesseur. Vous nous écrivez des merveilles des Tables Françoises, où nos Princes ont été régalés. Si je les avois vûes je me serois peut-être écrié avec Ergasile dans Plaute: ô quelle peste pour les jambons & pour le lard! quel dégât pour les tettes & les échinées de truies! quelle peine pour les bouchers & pour les vendeurs de chair de pourceau. C'est en vain que nous avons jusqu'à présent cherché l'esprit dans quelqu'une des pellicules du Cerveau: il le faut chercher dans la gourmandise, & dans le ventre, lesquels nous rendent aussi ingénieux que la partie par laquelle nous sommes sages. Les plats n'auront pas contenu un oiseau seul, mais une armée d'oiseaux. A peine les animaux sont-ils nés qu'ils servent à notre nourriture, & que la faim habile prévient la nature qui lui semble trop tardive. On sert avec symétrie, ce que l'on mange sans aucun ordre: & enfin on peut dire que notre siécle a des Apitius qui auroient besoin d'un cou plus long, pour satis-

satisfaire plus long tems leur gourmandise. Mais il faut pardonner ces chose s aux Grands & aux personnes distinguées, qui veulent faire paroitre la grandeur & la majesté de leur Roi, non seulement à la guerre & par les armes, mais encore à la table & dans les repas. Vos Messieurs de la Haie souhaiteroient fort que les Députés qui sont à Munster eussent dequoi se traitter plus honnêtement & à meilleur marché. Comme il y en a peu qui soient fort magnifiques, ils vivent à présent avec plus de splendeur, de la même maniere que l'eau des ruisseaux & des torrens se perd en se joignant à celle des grands fleuves. Pour moi, je souhaiterois que tous ces Illustres Députés fussent aussi hûreux à terminer les différends & les sanglantes divisions des Princes de l'Europe, que les Maitres d'Hôtel de France l'ont été à faire apprêter leurs festins. Mais c'est assez badiné. Les Suedois sont resserrés dans la Chersenese Cimmerienne. Chacun fait la paix de Munster à sa mode. L'Angleterre est déchirée par plusieurs factions. L'Italie est divisée en plusieurs partis. Le Roi d'Espagne est méprisé. La France est re-

représentée victorieuse & triomphante. Pour moi, Monsieur, je vous souhaite, de même qu'à Madame votre chere Epouse & à toute votre famille, toute sorte de bonheur & une parfaite santé. A Amsterdam le 17 Février 1644.

G. BARLEE.

LETTRE LXX.

De M. J. Vicquefort à M. G. Barlée.

Pour Amsterdam.

Je vous rends tres humbles graces, Monsieur & tres cher Ami, du soin que vous prenez de ce qui me touche. Vous pouvez donner le sac d'argent à mon frere Gaspar, mais pour l'huile, les Dattes, & le poivre blanc, je vous prie, si cela ne vous incommode point, de les garder chez vous une semaine ou deux, jusqu'a ce que j'aïe la commodité de les envoïer à Roüen. Je n'ai pas encore goûté l'eau de Spa, par mon peu de soin, ou plus tôt par négligence. Nous n'avons rien de nouveau qui puisse satisfaire votre curiosité. Le Prince est attendu demain. Toute la Cour a pris le deuil pour la mort de l'E-

lectri-

lectrice Palatine Doüairiere, Soeur du Prince d'Orange, & Tante maternelle de la Princesse Landgrave. Peut-être aussi qu'il me faudra prendre le deuil. Je sçai tres certainement que notre Général Novesianus voulant forcer le Camp des Lorrains a eu le malheur d'être repoussé. Les Ministres de Suede & de Dannemarc se plaignent ici de Messieurs les Etats; ceux-là de ce qu'on ne leur a pas donné les secours portés par la ligue; ceux-ci de ce qu'on a accordé à leurs ennemis d'équipper des vaisseaux. Tant qu'on voudra ici être neutre, on offencera l'un ou l'autre. Je vous souhaite, comme à toute votre famille, une parfaite santé. A la Haie le vingt-deuxiéme Avril 1644.

Votre fils poura, si cela ne lui fait point de peine, nous aporter l'argent, que nous avons laissé chez vous.

LET-

LETTRE LXXI.

De M. J. Vicquefort à M. G. Barlée.

Pour Amsterdam.

MONSIEUR, & tres cher Ami,

Hier aussi tôt apres votre départ le tres Noble Grosiccius me vint trouver, à dessein que nous allassions voir quelques uns de Messieurs les Etats. A peine étions nous partis & avions mis le pied dans le Carrosse que mon voisin Graswinckel, qui est revenu de faire ce qu'il vous avoit promis, nous aborda. Aïant trouvé l'occasion de nous faire voir la lettre de l'Ambassadeur de Venise, il nous emmena, comme nous sommes fort curieux & avides de nouveautés, dans sa Bibliotheque, où l'on ne nous fit pas tant lire la lettre que je viens de vous marquer, ni voir les livres qui y étoient, que l'on nous fit voir en abondance les dons du Pere Bacchus. Vous connoissez la bonté & l'affection de la personne dont je vous parle. Comme je fus de retour à la maison, je trouvai une lettre de Monsieur de Zulichem en date du 10. de ce mois, avec des vers sur la Flandre, & sur la mort de Bannius, desquels

quels il me prioit de vous faire part. Vous jugerez, si je ne me trompe, avec moi, que vous avez eu tous deux une même pensée sur un seul & même sujet. A notre Camp toutes choses vont comme nous souhaitons. On y avoit déjà préparé tout ce qui étoit nécessaire pour passer le fossé qui est en deça de la contrescarpe. Les Assiégés font inutilement beaucoup de mines, ce qui fait croire qu'ils manquent de bons Ingénieurs, & de personnes entendues dans l'Artillerie. L'entreprise de Gassion du côté de Varneton a fait une merveilleuse diversion des forces des ennemis, jusques-là que Dom François de Melo s'est cru obligé d'y envoïer les troupes qu'il avoit avec lui, & deux Régimens du Duc de Lorraine. On dit que le Fort que Gassion a pris sur le Canal de St. Omer est si important, que ce Général pour toute récompense a demandé à se retirer en quartier d'hiver. Melo fait avancer autant qu'il peut le nouveau Canal qu'il a entrepris de faire, & qu'il veut étendre depuis Desseldonck où il est campé, jusques aux Forts de St. Marc & de S. Joseph. Cet ouvrage passe pour si difficile,

le, que plusieurs déserteurs des ennemis soutiennent qu'on ne poura pas en venir à bout, à cause de la dépense infinie qu'il y faudroit faire. Cependant le Gouverneur de Hulst a ordre d'y faire travailler. Il arrive tous les jours des transfuges du Sas de Gand dans l'armée du Prince. Ils assûrent tous qu'il y a dans la place beaucoup de blessés, & peu de médicamens, & que dans un si petit lieu on jettoit tres souvent des grenades; ce qui marque qu'on y est réduit à l'extrémité. Nous attendons avec impatience une relation véritable de ce qui s'est passé devant Fribourg entre les François & les Bavarois. Pour ce qui est des troubles d'Oost-Frise, je crains fort qu'ils n'éclatent en une guerre ouverte, si les Etats Généraux des Provinces Unies ne la préviennent par une prompte députation. Le Comte veut mal à propos la guerre, quoi qu'il lui soit plus avantageux de recevoir la paix à telle condition que ce puisse être, que d'avoir à combattre contre un plus puissant que lui. On nous a mandé qu'il donnoit du secours à l'Electeur de Cologne, & aux Imperiaux; ce qu'il ne sçauroit faire sans offencer les

Etats

Etats Généraux, & sans se perdre lui-même. Adieu, Monsieur & tres cher Ami, je vous salue tres humblement. Je salue aussi tous nos amis, sans excepter Madame d'Overbeck & Mademoiselle sa fille. A la Haie le 21. Août 1644.

Le tres Noble Grosiccius vous fait ses civilités. Dans ce moment j'aprens qu'on a passé avec des fascines le fossé de la contrescarpe, dont je vous ai parlé ci-dessus.

LETTRE LXXII.

De M. J. Vicquefort à M. G. Barlée.

Pour Amsterdam.

MONSIEUR, & tres cher ami,

Il y a huit jours que je vous ai envoïé à Leide les vers de Monsieur Huigens sur la Flandre. Si par hazard ils sont venus à se perdre, ce que je ne crois pas, marquez le moi par un mot de lettre, afin que je puisse vous en donner une autre copie. On m'écrit du Camp que le 25. de ce mois le Comte de Horn s'étoit rendu maitre d'un retranchement que les ennemis avoient fait dans la Contrescarpe; mais qu'il lui en avoit coûté bien du monde. En effet il est certain que les premiers de ceux qui étoient de garde ont été ou blessés ou tüés. Le lendemain le Comte de Coligny étant de garde avec son Régiment, ne souffrit pas une moindre perte, & même on écrit que de la seule Compagnie de Remondi à peine dix en étoient réchappés. Vous avez sû, sans doute, qu'on avoit donné à faire deux machines qu'on appelle communément Galleries, avec cette condition que l'entrepreneur les tiendra prêtes & en état dans douze jours. On lui a aussi proposé de le récompenser de deux cens florins pour chaque jour qu'il anticiperoit sur le tems convenu, & au contraire de lui déduire 400. francs pour chaque jour qu'il emploïeroit au delà des douze qu'on lui avoit accordés. Nos gens ont élevé deux batteries dans la contrescarpe, & ont fait un logement pour les mousquetaires, afin que le feu qu'ils feront, facilite le moïen d'avancer les ouvrages des machines. On dit qu'entre le grand fossé & le Corps de la place, il y a encore un retranchement qui poura donner de la peine aux Assiégeans. De cette maniére le siége pouroit bien, si je

ne

ne me trompe, durer jusqu'au mois d'Octobre. Si vous avez quelque chose du Dannemarc, je vous prie de m'en faire part. Ecrit fort à la hâte le 31. Août 1644. Je salue toute votre famille.

LETTRE LXXIII.

De M. J. Vicquefort a M. G. Barlée.

Pour Amsterdam.

MONSIEUR, & tres Illustre Compere,

Je ne sçai par quelle négligence il est arrivé, qu'en vous écrivant je n'ai pas mis dans ma lettre celle que Monsieur de Zulichem écrit au tres Noble Hoofd. Je m'en suis apperçu trop tard, & seulement à l'occasion du tres Noble Ossius. J'ai traité ces Messieurs par droit de retour. J'espere que vous excuserez avec la même bonté que vous avez coûtume d'avoir pour moi, la faute que j'ai faite, & que vous me continuerez l'honneur de votre bienveillance. A la Haie le 22. Septembre 1644.

J. VICQUEFORT.

LET-

LETTRE LXXIV.

De M. J. Vicquefort a M. G. Barlée.

Pour Amsterdam.

MONSIEUR,

Je vous réïtere la priere que je vous fis il n'y a pas long tems à Amsterdam, qui est de m'envoïer les vers de M. de Zulichem que j'ai apportés. L'Auteur me prie par sa derniere lettre de les donner à M. Willem qui souhaiteroit de les lire. La maniere dont ce Conseiller de Brabant en a usé au sujet d'une lettre dont je lui avois honnêtement fait part m'a fort chagriné. Un grand homme me marquoit par cette lettre, que quelques personnes avoient été surprises que notre ami de la Haie avoit blâmé Erasme contre le sentiment de tous les gens sages, au lieu qu'il auroit pu apprendre des ouvrages de cet Auteur quantité de belles choses. C'est ce que M. de Zulichem n'a pas pu ignorer, puisqu'il m'a envoïé un écrit qui peut servir d'une Apologie. Il allegue entre autres choses ses vers des pages 87. & 88. qu'il croit qu'on ne sçauroit prendre dans un mau-

vais

vais sens, sans faire tort à sa sincérité. Il dit dans un autre endroit que les Villes voisines de la Hollande, dans lesquelles Erasme & Grotius sont nés, ont donné à ce siécle & à celui de nos peres, dequoi opposer à l'antiquité. Cela devroit à mon avis suffire à toutes les personnes qui ne sont pas prévenues de haine & d'envie. Je n'en écrirai toutefois rien à l'Ambassadeur Grotius, afin de ne passer pas pour un homme trop facile à faire part à d'autres, de ce que peut-être il a voulu donner à l'amitié & à la familiarité qui est entre nous. Je ne ferai pas non plus une grande replique pour la défense de M. de Zulichem, afin qu'il ne croïe pas que je cherche plus tôt à gâgner les bonnes graces de l'un & de l'autre, qu'à procurer la paix. L'Armée étoit sur le point de se retirer de la Flandre, à cause du manquement de fourrage & d'avoine. Le Prince a lui même visité le 6. de ce mois les chemins & les lieux propres pour l'embarquement des troupes. Il se répand un bruit que S. Omer est assiégé: je n'y ajoute pas foi, mais bien à celui de la prise de quelques Forts aux environs de cette place-là par le Général Gassion. Il

y en

y en a qui disent que Francisco de Melo a reçû ordre de demeurer plus long tems dans les Païs-Bas. Je vous souhaite une parfaite santé. A la Haie le 8. Octobre 1644.

J. VICQUEFORT.

LETTRE LXXV.

De M. J. Vicquefort a M. G. Barlée.

MONSIEUR, & tres cher Ami,

J'ai reçu de M. Petit ma peau d'Ours, mais non pas celle de Loup que vous aviez envoïée. Je ne puis assez m'étonner qu'un si grand Philosophe se soit trompé dans l'histoire qu'il a faite d'animaux d'une espece différente. Les peaux d'Ours servent pour nos pieds; au lieu que celles de loup servent pour la tête, au moins s'il en faut croire Virgile qui dit, il a des bonnets faits de peau de loup pour couvrir sa tête. De cette maniere on se sert aussi diversement de ces animaux apres leur mort. Pour ce qui regarde l'incendie, vous verrez par le papier ici joint, ce que M. de Zulichem a fait. Adieu, Monsieur,

ſieur, aimez moi toûjours, le 15. Janvier 1645.

J. VICQUEFORT.

LETTRE LXXVI.

De M. J. Vicquefort, a M. G. Barlée

Pour Amſterdam.

MONSIEUR,

Je ne diſputerai pas davantage du loup avec vous, pour ne pas paroître chercher des difficultés où il n'y en a pas, & traiter d'ignorant un Philoſophe tres ſubtil. Mais prenez garde auſſi de ne me pas faire un proces de ce que je ne me ſuis pas aſſez tôt acquitté de ce que je vous devois. Le tres Noble Zulichem m'a, ſans que je le ſuſſe, rendu caution de trois cens florins, & je l'apris ſeulement il y a quatre jours, lorſque je dînai avec lui. Le ſoir du même jour je crus que je devois ſur toutes choſes vous faire acquitter cette ſomme par mon frere Gaſpar. Si vous l'avez touchée, j'attendrai, s'il vous plait, un mot de reçû de votre part; que ſi on ne vous l'a pas encore païée, envoïez, je vous prie, votre ſervante, afin que je m'acquitquitte de ce que j'ai promis. J'ai bien de la joie que le tres Noble Hoofd se porte mieux ; mais je ne sçaurois m'empêcher de me plaindre du peu d'amitié que Madame son Epouse a marqué avoir pour nous, en allant de Rotterdam à Amsterdam, sans passer par la Haie & se détourner pour nous voir. Nous en ferons aussi de même, & nous passerons de l'autre côté du Keysers Graft lorsque nous irons à Harlem. J'ai vû aujourd'hui la lettre & les vers de Madame Tesselle à M. de Zulichem, avec la réponse dudit Sieur qu'il vous enverra au premier jour. M. le Bailli surpassera de beaucoup le Prince dans le soin qu'il a pris d'obliger le Comte de Nassau. Vous aurez le plus tôt qu'il se poura le panier de Bresil. Vous verrez aussi par la lettre même de M. d'Aiguebere ce qu'il écrit de vous. Si vous voulez lui écrire, vous pouvez vous servir de moi pour cet effet, & m'envoïer votre lettre. Adieu, Monsieur, saluez, s'il vous plait, de ma part, Mesdemoiselles vos filles & M. votre fils. A la Haie le 23 Janvier 1645.

J. VICQUEFORT.

LET-

LETTRE LXXVII.

De M. J. Vicquefort a M. G. Barlée.

MONSIEUR,

J'ai bien reçû les lettres que vous m'avez écrites touchant. . . . Je les ai luës, de même que vos vers, avec plus de plaisir que je n'ai fait le fameux Manifeste du Comte d'Embden, qui est un écrit que ni le Prince ni aucune personne sage ne sçauroient approuver. Vous avez agi fort prudemment, en aimant mieux être neutre & indifférent, que de vous emporter à la maniere de gens passionnés & déraisonnables, contre une héroïne qui est au dessus de toute loüange. Il est souvent arrivé des affaires à ceux qui ont écrit contre des Puissances qui pouvoient proscrire, & je ne voudrois pas répondre que Boyus demeure impuni d'avoir déchiré la réputation d'une Princesse qui devoit être au dessus de l'envie. Pour ce qui est du Combat de Boheme, il ne faut pas que vous en attendiez de moi aucunes nouvelles, puisque vous étes plus proche de la source d'où elles viennent. On dé-

délibere ici tout de bon touchant une expédition de mer contre le Dannemarc. Leurs Hautes Puissances n'attendent, pour former leur decret & prendre leur résolution, que le consentement de la Province de Zélande, à laquelle elles ont envoïé quatre Députés. Il ne me reste plus qu'à vous prier de nous venir voir aux fêtes. . . . à la maniere accoûtumée, ce que j'espere que vous ne refuserez pas à des personnes qui vous aiment parfaitement, & qui seront ravies de vous voir. Soiez en cela de l'avis de M. votre fils. Adieu, Monsieur, faites moi la grace de m'aimer toûjours. A la Haïe le 4. Avril 1645.

J. VICQUEFORT.

LETTRE LXXVIII.

De M. J. Vicquefort à M. G. Barlée.

MONSIEUR,

Vous vous excusez de votre silence, quoique vous n'aïez aucun tort; & moi je ne vous fais point d'excuse, quoique je reconnoisse franchement avoir manqué. Je crois notre amitié trop forte pour pouvoir être ni diminuée ni accrue par

par un grand ou un petit nombre de lettres. Je n'ignore pas que vous avez été plongé dans la vaste mer des affaires d'Occident, & que peu s'en est fallu que vous n'aïez été enseveli sous ses Flots énormes, mais je me réjoüis de ce que vous en étes sorti, & que par conséquent vôtre esprit étant plus épuré & plus en repos, vous étes en état de célébrer la victoire du tres généreux Prince. C'est ce que tous ceux qui sont bien aises des avantages de la Patrie, attendent de vos Muses, & le moins que mérite la grandeur d'ame au dessus du commun, de même que le bonheur d'un si grand Prince, à qui la fortune auroit fait une injustice, si elle ne lui avoit été favorable qu'aprés quelque malheur. Il est certain qu'il a été fort hûreux dans toutes ses autres expéditions; mais tous ceux qui se souviennent de ce qui s'est fait dans les tems qui ont précédé, avoüeront qu'il l'a été encore davantage dans cette derniere action. Pour moi, je trouve qu'il est un tres hûreux Capitaine, pour cette raison, que non seulement il a en tres peu de jours réduit sous son obéissance une grande étendue de Païs dans la Flan-

Flandre, mais aussi que dans un mois de tems il a soumis à son pouvoir la plus forte Ville de cette Province-là. Cette conquête est si grande que les Alliés n'avoient osé l'espérer, & que les ennemis même croïoient n'en devoir rien craindre. C'est une chose qui semble tenir du prodige, que la saison nous a été tellement favorable, qu'on pouroit dire avec raison que le Ciel même n'a pas moins combattu pour le Prince que son Armée. Les Espagnols verront sans doute ce bonheur d'un oeil fort chagrin; en effêt ils sont d'autant plus malhûreux, que battus & agités des flots de la mauvaise fortune, ils sont encore fort éloignés du Port de la tranquillité qu'ils espéroient gâgner, & que pour de paix, le plus assûré remede des malhûreux, ils ne sont pas en état d'en pouvoir obtenir qu'a des conditions fort desavantageuses. Une marque convainquante que les ennemis ont besoin de faire la paix, est que les Ambassadeurs de l'Empereur ont proposé depuis fort peu de tems a Munster une Trêve Générale. De sçavoir maintenant si une telle Trêve est avantageuse à la France & aux Etats Généraux des

Pro-

Provinces-Unies, j'en laiſſe le jugement à ceux qui ont plus de pénétration que moi dans les affaires de paix & de guerre. Je crois fort comme vous, que ces hûreux ſuccés du Prince lui fraïeront le chemin à de plus grandes entrepriſes; mais que ce ſoit pour aſſiéger Anvers au Printems prochain, c'eſt dequoi je doute, auſſi bien que pluſieurs perſonnes qui croïent comme moi que cette grande Ville ſe rendra plus tôt par la révolte volontaire de ſes habitans, & par le déſeſpoir des affaires, que par la force des armes. Le bruit court que ceux de Lille en Flandres, & ceux de Courtrai, ont par leur éxemple appris aux autres Villes à ſe révolter, & qu'ils ont reçû garniſon Françoiſe. C'eſt ce qu'on a écrit de Gand au Camp de notre Armée, mais cela me paroit encore apocryphe, puiſque M. d'Eſtrades qui eſt nouvellement revenu de l'Armée aſſure qu'on n'en avoit aucune certitude; mais bien que les Magiſtrats & le peuple de Lille avoient écrit à Picolomini qu'ils étoient réduits à un tel point, qu'ils ſeroient obligés de ſe ſoûmettre aux François, s'il ne les chaſſoit pas des places qu'ils occupoient

ſur

ſur la Lis, & s'il n'y mettoit pas enſuite des troupes pour les garder. En attendant, pendant que les François pouſſent leurs progrés d'un côté de la Flandre, le Prince d'Orange n'eſt pas à rien faire de l'autre. Son Alteſſe a crû qu'elle devoit ſur tout, avant que de mettre ſes troupes en quartier, s'aſſûrer des autres Forts qui ſervent à couper la communication de Hulſt & du Sas de Gand. Pour cet effet il a fait aſſiéger le Fort de Moerſpuye par le Prince Guillaume de Naſſau Gouverneur de Friſe, & celui de S. André par le Comte de Brederode. Le premier de ces Forts qui eſt d'une figure Pentagone eſt aſſiégé par cinq mille hommes de pied, & deux Regimens de Cavallerie, & battu de ſeize pieces de Canon. Le ſecond qui eſt de moindre importance eſt d'une figure quarrée, & n'a pas plus d'Angles que le fromage de Berg dans la Province de Limbourg, que je vous envoïai il y a quatre jours, & qui me ſembloit être une Forteresse imprenable, toute petite qu'elle fût ; c'eſt pourquoi je le deſtinai auſſi tôt pour vos dents, afin que vous lui déclaraſſiez vigoureuſement la guerre, & que nous pûſſions

voir

voir si vous l'attaqueriez avec plus de courage, que les guerriers que j'ai nommés ci-dessus n'attaqueront le Fort Saint André. On attend ici le Prince dans huit jours. Aussi tôt qu'il sera arrivé, vous recevrez sans doute de M. de Zulichem les vers qu'il a faits contre M. Grotius, lesquels je n'ai pû encore voir. On a avis de France que le Prince Palatin Edoüard qui épousa il n'y a pas long tems la Princesse Anne Gonzague fille du Duc de Mantoüe, avoit abjuré la Religion Protestante; ce qui semble être un surcroît d'affliction à sa famille. La Reine de Pologne après la Cérémonie de ses Nôces étoit sur le point de partir. Elle prend sa route par Liége, pour se rendre ensuite par eau à Venlo, & de là par terre à Vesel où à Rheinberg; d'où elle passera à Munster & à d'autres lieux des environs, pour se rendre ensuite à Hambourg. Vous aurez sçu sans doute de M. Scot Tarvasius ce qui s'est passé en Angleterre. Comme il n'y a rien de considérable je ne vous en ferai point d'autre récit. Je vous envoïe un Catalogue de livres qui ne sont point imprimés, & qui ne le seront pas non plus. C'est plus tôt une ſatyre qu'une Bibliotheque. Les François & les Suedois y ſont fort maltraités, mais ceux-ci plus doucement que ceux-là. Vous verrez au chapitre treiziéme qu'il y eſt parlé de moi en termes plus honnêtes, que de MM. les Etats Généraux au Chapitre ſuivant. Mais il eſt tems que je finiſſe, de crainte que vous ne vous plaigniez de mon babil, comme vous vous étes plaint de mon ſilence. Adieu, Monſieur, je baiſe tres humblement les mains a vous, & à toute votre famille. Saluez je vous prie, ſi cela ne vous fait point de peine, le tres Noble Hoofd. A la Haie le 13. Novembre 1645.

Quand vous aurez le Catalogue, faites moi le plaiſir de me le renvoïer, & de me mander ce que vous en penſez.

J. VICQUEFORT.

LETTRE LXXIX.

De M. G. Barlée a M. J. Vicquefort.

MONSIEUR,

Vous invitez à vous aller voir une perſonne qui y ira d'elle-même. Mais ſi je ne vais pas loger chez mon fils, il ſem-

semblera que je manque à l'affection paternelle. Comme il a laissé toute cette affaire à ma disposition, voici comment je partagerai ce différend d'un fils & d'un ami. Je donnerai à mon fils la plus grande partie du jour, & à vous Monsieur, le soir & la nuit. Mon fils n'aura pas sujet de se plaindre, quand je lui donnerai le plus beau du tems. Mais je balance encore & je suis indéterminé: Après que je serai descendu du chariot, nous délibérerons sur ce qu'il faudra faire. J'espere vous voir Mardi ou Mercredi prochain. J'assigne vos poissons à comparoitre ce jour-là. Les observateurs du Carême en sont saouls, mais pour moi je les aime passionnément. Torstenson allarme l'Aûtriche, mais il est encore dans la Moravie. L'Empereur dans le tems que ses affaires sont dans un triste état & comme désespérées leve des troupes. Les Anglois continuent à se faire la guerre les uns aux autres, & à donner des batailles qui ne seront pas moins fatales aux victorieux qu'aux vaincus. Pour nous autres, il semble que nous pourions enfin avoir guerre avec le Dannemarc; mais il pouroit bien aussi arriver que notre Flote n'en vienne point à un combat. Le Turc prend, comme il a coûtume de faire, des Forteresses & des Villes. Le Pape qui est de la Maison des Pamphiles, porte à bon droit ce nom, en engageant par ses bienfaits plusieurs personnes à son service. Parmi tous ces troubles, je place & range des Flottes sur les côtes de la Province de Fernambouc. J'épuise les Thrésors publics, & comme si j'étois un Général, il me semble que je fais de tres grandes choses. Adieu, Monsieur, le sixiéme Avril 1645. G. BARLÉE.

LETTRE LXXX.

De M. G. Barlée a M. J. Vicquefort.

MONSIEUR,

Il y a long tems qũe vous me tenez dans l'attente de votre venue en cette ville. Je croïois que l'arrivée du tres Illustre Grotius pouroit vous y attirer. Je l'ai salué en passant, & je n'ai été qu'un moment avec lui. Il a été reçu des Magistrats avec toute sorte d'honnêteté; ce qui est une marque qu'on est persuadé de sa probité, de la droiture de sa conduiduite, & de l'amour qu'il a toûjours eu pour la justice. J'ai eu beaucoup de déplaisir de la défaite des François. Leur trop grande sécurité, & le mépris extreme qu'ils ont pour leurs ennemis, fait qu'ils sont souvent battus. Torstenson est encore en deçà du Danube, où s'est bornée la fortune Gothique. Notre Prince n'est pas encore parti, ni moi non plus. Je crois néanmoins que j'irai dans peu de jours à la Haie pour y voir mon petit fils, enfanté par une chaste Venus, mais non sur les ondes du Simoïs. Pour vous, Monsieur, qui êtes occupé d'affaires & publiques & particulieres, vous ne pensez point à moi, ni à vos amis. Je m'en vangerai avec les dents, non pour vous mordre, mais pour mordre dans les mets de votre Table. J'aprens que vous faites nettoïer chez vous, non le toit des pourceaux, mais des lieux dejà nets & tres propres. Il faut ici faire le fou avec les Dames de qualité, afin qu'elles ne soient pas cruelles envers les hommes. Adieu, Monsieur, je suis à Amsterdam le 22. Mai 1645.

Votre. . . .

G. BARLEE.

LETTRE LXXXI.

De M. G. Barlée a M. J. Vicquefort.

MONSIEUR,

J'avouë que j'ai trop long tems gardé le silence, mais je ne crois pas avoir tort en cela. Je n'avois rien que je pûsse vous écrire, quoique j'écrivisse beaucoup. L'Océan des livres de l'Occident m'avoit presque abîmé, & je n'en suis sorti qu'apres l'ennuïeuse lecture des Annales. Je m'apperçois bien qu'il y a de la différence entre faire des vers, & composer une histoire. Lorsqu'on fait des vers on peut mentir & feindre sans avoir les suffrages du Peuple; mais on ne le peut pas lors qu'on écrit une histoire. La composition des vers nous laisse maitres de nous-mêmes, mais celle de l'histoire nous rend dépendans du sujet & des choses mêmes. La prise de Hulst qui, comme on l'espere nous fraïera le chemin à quelque grande Ville, & à la Catastrophe de cette guerre, m'a rendu encore une fois babillard. Le Poëme est sous la presse. Je vous l'envoïerai, lorsque les Imprimeurs qui ne se hâtent pas beaucoup l'auront achevé. Le Heros de Muyde qui

qui a été long tems incommodé de la goutte, commence maintenant à marcher. Il se promene avec moi, mais avec un peu de peine, & en bronchant quelquefois. Ce sont-là des marques de son ancienne droiture. Je pense maintenant à un boeuf pour ma provision. Si vous venez me voir en cette saison, je vous ferai manger, & remplir votre estomac d'une farce de tres bon goût, que les vieilles eaux m'ont envoïée, comme elles ont coûtume de le faire tous les ans. Comme vous me mandez fort peu de nouvelles, je veux bien vous aprendre que les Anglois & les Ecossois sont brouillés ensemble, au sujet des affaires de la guerre : que Montros assemble une nouvelle armée, & menace de retourner : que les Ecossois font de grandes instances pour que la forme des Eglises d'Angleterre soit semblable à celle de leurs Eglises. M^r. Jean Scot Tarvasius Directeur de la Chancellerie d'Ecosse, personnage d'un sçavoir rare, & qui a beaucoup d'affection pour moi, a été quelques jours en cette Ville. Il a beaucoup d'amitié & de respect pour le Roi, mais néanmoins il n'est pas de son parti. A-

 dieu,

dieu Monſieur, aſſûrez, s'il vous plait, de mes civilités Madame votre chere Epouſe, & Meſdemoiſelles vos Couſines. A Amſterdam le 10. Novembre 1645.

G. BARLEE.

LETTRE LXXXII.

De M. J. Vicquefort à M. G. Barlee.

Pour Amſterdam.

MONSIEUR, & tres cher Ami,

Afin que vous n'aïez aucun ſujet de vous plaindre que je ſuis négligent, je veux vous aprendre que le Fort de Moerſpuye ſe rendit avant-hier, le quatorziême de ce mois, comme on l'avoit conjecturé par le Pourparler du jour précédent. La bravoure de nos gens s'eſt encore une fois mocquée de l'attente des ennemis, qui ſe confiant ſur la force des ouvrages de la place, eſpéroient que la pluie lui tiendroit lieu de ſecours. Il eſt certain que le Général Beck eſtimoit ce Fort auſſi important que Hulſt même, tant à cauſe de la commodité de ſa ſituation, que comme je viens de dire, pour la force de ſes ouvrages qui auroient pu ſervir de défenſe aux

aux Espagnols, s'ils avoient eu du courage. Enfin les choses étoient à un point, que s'ils n'eussent pas pensé de bonne heure à capituler, on les auroit sans doute forcés. Nos gens n'ont eu que trop de patience pour des assiégés si opiniâtres. Adieu, Monsieur, je vous souhaite une parfaite santé. A la Haie le 16. Novembre 1645.

Assûrez je vous prie, si cela ne vous fait point de peine, le tres Noble Hoofd de nos tres humbles respects, & de ceux de ma femme.

J. VICQUEFORT.

LETTRE LXXXIII.

De M. J. Vicquefort a M. G. Barlée.

Pour Amsterdam.

MONSIEUR,

Je vous remercie très humblement de vos Poëmes, dont vous avez été si libéral en mon endroit. Je reconnois que je vous suis redevable en plusieurs manieres, sans que je voïe comment je pourai m'acquitter de ce que je vous dois, à moins que vous-même ne m'en fassiez naître l'occasion. J'aurai ſoin de faire tenir par Bruno, comme vous me le marquez, ce que vous envoïez à M. de Zulichem; mais comme le Prince eſt allé à Breda, & qu'il eſt attendu ici en peu de jours, je crois qu'il ſera mieux de garder ces éxemplaires juſqu'à l'arrivée de M. Huygens. Vous n'avez pas bien fait d'y joindre ceux que vous ſouhaitez qu'on préſente au Comte Maurice, lorſqu'il ſera arrivé à Maſtricht avec la Cavallerie qu'il commande. Le Colonel Terentius a eu le commandement du Fort de Moerſpuye, ce qui ne fera pas de tort à ſa cuiſine. Adieu, Monſieur, je vous ſalue tres humblement, vous & toute votre famille, & je vous prie de me continuer toûjours votre bonne amitié. A la Haie le 22. Novembre 1645. parmi les Haut-bois & les trompettes.

Je ne ſçai ſi vous aurez apris que les troupes de Heſſe avoient ſurpris Marpurg; & que le Duc de Neubourg étoit menacé de guerre par l'Electeur de Brandebourg.

J. VICQUEFORT.

LET-

LETTRE LXXXIV.

De M. G. Barlée a M. J. Vicquefort.

MONSIEUR,

J'ai eu depuis long tems l'esprit occupé de funerailles & de morts de mes amis, ou que j'ai apprises, ou qui m'ont été écrites, ou que j'ai vûes. Vous autres, vous avez perdu Constance qui est décédée au grand regret de sa tres bonne mere. Ici Sinapius Sécretaire de cette Ville a cessé d'écrire, & j'ai assisté à sa mort qui lui est arrivée d'une Phtisie. A Leide un célebre Professeur & Théologien est allé dans la voie de ses Peres, pour parler avec l'Ecriture d'un Théologien, sur la mort duquel plusieurs ont fait des Elegies. Vous m'exhortez à ce que j'ai dessein de faire, qui est d'en composer aussi quelqu'une, & je trouve que vous avez raison. Car pendant que ce personnage a vécu, vous l'avez toûjours aimé à cause de son sçavoir, & de son bon naturel ; & dans son fils, parmi les vertus qu'il a héritées de son Pere, vous trouvez l'affection qu'il a euë pour vous & pour moi. J'ai composé cette Elegie,

 dans

dans laquelle je parcours tout ce qui fait le plus à la loüange de ce défunt personnage. Si vous voulez bien prendre la peine de la donner à M. d'Heenfliet, ce sera une nouvelle marque de votre bonté ordinaire, & une nouvelle obligation que je vous aurai. Je vous envoie l'Elégie & la lettre ouverte, afin que vous les lisiez, & si vous ne les approuvez pas, que vous les censuriez. Si vous jugez que les vers ne soient pas mauvais, je pourai être mis au nombre des Poëtes, & mon nom poura être lû parmi les additions de l'Oraison de Spanheim. Ici les Magistrats de cette Ville paroissent tout autres qu'il n'étoient, mais c'est dequoi je suspens mon jugement. A l'égard de la disposition de l'Hiver je suis plus hardi à en dire ce que j'en pense. Il fait grand froid ici à cause de la rare rencontre des Planetes, & Saturne a été furieux. J'espere que Jupiter, Apollon, & Cypria, donneront de plus beaux jours à l'Univers; que Mars sera favorable à notre armée & au Prince d'Orange, & que Mercure sera pour vous qui avez souvent à parler pour votre Princesse. Adieu, Monsieur, saluez, s'il s'il vous plait, de ma part Madame votre chere Epouse, & Mesdemoiselles vos Cousines. A Amsterdam le 1. jour de Mars 1646.

G. BARLEE.

LETTRE LXXXV.

De M. G. Barlée a M. J. Vicquefort.

MONSIEUR,

Que mon silence ne vous fasse point de peine. Je serois assez grand parleur, si j'avois quelque chose qui fût digne de vous être écrite. Il me faut tous les jours parler des Anges avec les Métaphysiciens, & de la vertu avec ceux qui traitent de la Morale. Lorsque je pense aux Anges, j'oublie & la Cour & les Courtisans. Les Anges agissent tres librement, les Courtisans au contraire dépendent entiérement de la volonté & de la faveur des hommes. Les Anges n'ont ni chair ni os, & les Courtisans en ont de même que moi. Les Anges ne doivent rien aux femmes, ils ne mangent ni ne boivent; mais les Courtisans se servent de ces secours pour prendre d'honnêtes plaisirs. De plus comme j'enseigne, feigne, je m'occupe à méditer fur la vertu, qui quoiqu'elle ne foit pas bannie des Cours, eft toutefois moins confidérée que les avantages qu'on efpere des Rois & des Princes. Ils croïent qu'il vaut mieux que ce monde foit renverfé & détruit, que de n'en poffeder pas deux. Le mot de Paix flatte depuis long tems les oreilles, mais je demande la chofe même & de la réalité. Tant qu'on n'obtiendra pas une fufpenfion d'armes, on aura toûjours la guerre chez foi. Ce n'eft pas la raifon qui tient en fufpens les différends de l'Europe, mais le joüet de la fortune qui favorife tantôt l'un & tantôt l'autre. J'ai eu de la joie d'aprendre par les lettres qu'on m'a écrites de Munfter, qu'il étoit certain que les François, de même que nous autres, ne demandoient pas la paix feulement en aparence, comme la plufpart des perfonnes de ce Païs fe le font imaginé, mais en effêt, fincerement, & d'un commun concert. Vous verrez par ma premiere lettre fur quoi je me fonde pour croire ce que je vous dis. J'ai lu ce que vous avez écrit à Vogelarius des affaires publiques, des Portugais, des plaintes des Ambaffadeurs d'Ef-

pagne

pague sur le retardement des nôtres, de l'état du Bresil Hollandois, & des Nôces de Brandebourg. Il y a des choses qui me plaisent, & d'autres que je n'approuve pas. J'ai assisté aux Nôces de M. Gravius, mais comme une tourterelle qui a perdu sa compagne. J'y ai tenu ma gravité de Zenon contre la fierté dédaigneuse des Veuves ; & je n'ai pas voulu toucher des personnes qui font difficulté de se laisser toucher par des Philosophes. Je ne suis pas du nombre des Pythagoriciens qui s'abstiennent de chair, mais je suis de la secte d'Aristippe ; ce que j'aime mieux que vous croïez, que de le prouver à ces Veuves si fieres. J'aime mieux aussi plaisanter là-dessus avec vous, que de penser a ce que je dirois, si j'étois avec les meres des Gracques. Adieu, Monsieur & tres cher Ami, saluez, s'il vous plait, de ma part M. de Zulichem, M. Braset, & nos autres amis. A Amsterdam le 25. Novembre 1646.

G. BARLEE.

LET-

LETTRE LXXXVI.

De M. J. Vicquefort à M. G. Barlée.

Pour Amſterdam.

MONSIEUR,

Auſſi tôt que j'ai eu reçu l'éxemplaire de l'hiſtoire que vous m'avez envoïé, & dont la forme eſt tout à-fait magnifique, je l'ai donné avec vos vers ſi élégans au tres Illuſtre Ambaſſadeur. Il m'a prié de vous faire ſes remercîmens pour ces deux choſes, & de vous aſſûrer de ſa part, que le petit préſent qu'il vous a fait, ſera ſuivi d'un préſent du Roi, qui ſera plus conſidérable. M. Bicker qui eſt de retour de Zelande, n'a rien aporté qui favoriſe le ſentiment des Hollandois. J'ai ſu d'un de mes amis que la Province de Zelande avoit réſolu de ne ſe point départir de l'Alliance avec la France; qu'elle eſt d'avis qu'il falloit accepter le ſecours des François, & que la République devoit ſe tenir en état à tout évenement, principalement à cauſe de la violence de la guerre, qui ſembloit s'approcher de tous côtés des frontieres de ces Provinces; enfin qu'el-

le

le soutient qu'il ne falloit point conclure de paix que d'un commun avis, & d'un commun consentement avec les François. Le Sérénissime Electeur de Brandebourg, & le tres Illustre Comte Maurice sont attendus ici dans peu de jours. Le peu de tems que j'ai ne me permet pas de vous écrire d'autres choses. Adieu, Monsieur & tres cher Ami, faites moi, s'il vous plait, la grace de m'aimer toûjours.

J. VICQUEFORT.

LETTRE LXXXVII.

De M. J. Vicquefort a M. G. Barlée.

Pour Amsterdam.

MONSIEUR,

J'ai sû avec bien du déplaisir que vous avez été incommodé; mais ce qui m'a plus surpris a été d'aprendre que votre mal venoit de douleur, c'est-à-dire, d'une foiblesse d'ame. J'avoue qu'il y auroit de l'inhumanité à n'être pas touché de la mort d'une personne avec qui on a été uni d'une amitié étroite, mais c'est oublier qu'on est homme que de s'affliger trop de la perte d'un ami, qui en a laissé tant d'autres apres lui.

Nous

Nous sçavons qu'il a été homme, & qu'il en a eu toutes les affections. Nous sçavons aussi qu'il a été vieux, qu'il ne pouvoit pas s'empêcher de quitter les choses de ce monde, & toute conversation avec ses amis. Lors que j'ai apris votre indisposition au tres Illustre Comte de Servient, il en a été étonné, ne pouvant pas s'imaginer que la perte d'un ami eût pu rendre malade, je ne dis pas un Philosophe, mais Barlée. Il me demanda hier si vous vous portiez un peu mieux, & il me pria de vous mander de sa part que vous eussiez bon courage. J'espere que vous l'aurez en considération d'un ami de cette importance, & pour la consolation de vos enfans. Le Sérénissime Electeur de Brandebourg partit hier d'ici avec l'Electrice son Epouse, & avec le Comte Maurice. Trois Députés de l'Etat les ont accompagnés jusqu'à Nimegue, pour les défraïer dans ces Provinces. J'ai eu un entretien avec Smerinius, Cleytius, & avec d'autres Officiers du Cabinet, touchant le présent qu'on vous a promis; mais je n'ai pas voulu me rendre importun & les presser trop là-dessus, parce qu'ils s'offroient d'eux mêmes à y satisfaire, &

qu'ils

qu'ils n'auroient pu donner que tres peu. Le tres Illustre Comte Maurice m'a promis de s'en souvenir lorsqu'il seroit à Cleves. Pour ce qui est des affaires publiques, je n'ai rien présentement à vous mander. Les Etats de Hollande n'ont pas encore déliberé sur ce qui regarde le noeud de l'affaire. On dit beaucoup de choses de l'Angleterre, auxquelles je ne puis ajouter foi. Le Prince est attendu demain. Les négociations de la paix semblent se refroidir de la part des Espagnols. Il y en a cependant plusieurs qui se réjoüissent en eux-mêmes de leurs bons succés en Flandre. Ceux qui vivent de la pêche de harang se plaignent qu'on ne leur donne point les Vaisseaux de guerre qui ont coûtume d'escorter leur Flotte. Pour consolation & pour excuse on ne leur allegue que le manque d'argent, auquel néanmoins on pouroit remédier en congédiant les troupes qui ont été paiées des secours de la France; mais on craint peut-être qu'elles ne passent au service des François, & qu'elles ne nuisent aux Espagnols; ce qu'on tâche d'empêcher. Adieu, Monsieur & tres cher ami, je vous souhaite de tout mon

mon coeur une parfaite santé. A la Haie le 6. Juin 1647.

J. VICQUEFORT.

LETTRE LXXXVIII.

De M. J. Vicquefort a M. G. Barlée.

MONSIEUR,

Plusieurs raisons m'ont empêché de satisfaire à ce que je vous avois promis. La principale est que mes lettres me furent renduës trop tard. Les nouvelles qu'elles portent sont presque les mêmes, que celles qui sont contenuës dans cette incluse pour le tres Illustre Kinschot. Elles sont pour la pluspart incertaines, parce que les chemins sont fermés de tous côtés. Je ne voudrois pas non plus assûrer celles qui marquent le siége d'Ulm & de Nuremberg. Un de mes amis m'a écrit comme une chose certaine, que le Général Bannier s'étoit avancé avec ses troupes près de Culembach, Ville qui appartient au Marquis de Brandebourg, pour passer en toute diligence dans la Franconie, & se joindre avec le Duc Guillaume de Veimar, & avec Melander Général des troupes de Hesse

Hesse & de Lunebourg. Comme ma femme m'apelle pour dîner je ne puis pas vous écrire d'autres choses. Adieu, Monsieur & tres cher Compere; saluez, s'il vous plait, de ma part toute votre famille. Ecrit à la hâte en ma maison, le 30. Septembre, 1647.

J. VICQUEFORT.

LETTRE LXXXIX.

De M. J. Vicquefort a M. G. Barlée.

MONSIEUR,

J'ai eu beaucoup de plaisir de recevoir votre lettre, mais j'en ai eu encore davantage en la lisant; puisqu'elle est remplie de marques de cette même affection que vous avez pour moi depuis long tems; & qu'elle conserve par tout cette agréable douceur de stile qui vous a toujours été si familiere. Si vous pouvez vaincre ce tiran qui vous a asservi pendant quelques mois, cet air plein de brouillards & mal sain, qui jusqu'à présent a causé beaucoup de mal à la forteresse de votre corps, se dissipera aisément, & vous reprendrez cet esprit plus tranquille avec lequel vous avez excité

cité tant de fois la bile de vos amis dans les bons succés, ou consolé ceux qui étoient tristes, ou publié par des vers divins les exploits ou les vertus des Princes illustres. Ne croïez pas qu'on vous oublie quand on aura égard à ceux qui auront dignement loüé par leurs beaux écrits la mémoire du défunt Prince. Un fils seroit tout-à-fait injuste, s'il ne reconnoissoit pas ce que vous avez fait pour immortaliser la gloire de son Pere. J'ai parlé de cette affaire avec M. de Zulichem & avec M. Heilersickius nos intimes amis; ils croïent comme moi que vous avez mérité que votre nom soit mis avec les noms de ceux qui esperent avec le plus de raison & de justice quelque récompense de son Altesse. Peu de personnes doutent maintenant qu'on n'ait bien tôt la paix; mais de sçavoir si les portes du Temple de Janus seront aussi tôt fermées que nos Hollandois le souhaitent, c'est ce que je ne voudrois pas assûrer. Car avant qu'on en vienne là, il faut satisfaire & les autres Provinces Unies & la France. Les Hollandois ne sont pas encore d'accord avec ceux de Zelande, c'est à-dire, avec des Insulaiſulaires fort entiers dans leurs ſentimens, au ſujet de l'autorité ſouveraine touchant la Religion dans la Mairie de Boſleduc, & dans quelques autres lieux. Les Zelandois tâchent de prouver par un Manifeſte fort long, qu'elle apartenoit au Roi d'Eſpagne, & ſe fondant là-deſſus, ils prétendent que dans la formule de conceſſion du Domaine abſolu, on ne doit pas obmettre ces mots, touchant la Religion. Quand cette conteſtation ſera terminée il en ſurviendra peut-être une autre qui ne ſera pas de moindre importance; ce ſera de ſçavoir ſi leurs Hautes Puiſſances peuvent faire la paix avec l'Eſpagne, ſans y comprendre le Roi de France, & ſans avoir aucun égard à l'alliance où elles ſont avec lui, & aux bienfaits qu'elles en ont reçûs. Il y a déjà long tems qu'elles réſolurent unanimement de continuer la guerre, ſi l'Eſpagne cherchoit des détours & ne tenoit pas à la France ce qu'elle lui avoit promis, ou ne ſe mettoit pas à la raiſon touchant ce qui reſte a régler; & au contraire de conclure la paix ſi la France continuoit d'y apporter du retardement. Mais là-deſſus il naitra une queſtion, ſçavoir ſi ce ſera aux Plénipotentiaires des Provinces Unies à prononcer sur les détours de l'une & de l'autre partie, & en attendant, pendant qu'on sera dans l'incertitude & dans la défiance de part & d'autre, le succés des armes rendra peut-être juges de ce différend ceux que Mars favorisera. Les troubles de Naples rendront cette Ville Capitale de la Terre de Labeur, tres malhûreuse, & je ne serois pas surpris, si les Espagnols voïant leurs affaires désespérées, tâchoient enfin de faire par le feu, ce qu'ils ne sçauroient faire par les armes. Il semble que les séditions n'ont jamais été plus fréquentes qu'elles le sont de notre tems. Mais je ne plains pas tant le Roi d'Espagne que celui d'Angleterre. Pour ce qui regarde le Portugal, on ne sçauroit dire ce qui en sera, parce que c'est une chose qui est entre les mains de Dieu & qui dépend de lui. Cependant, Monsieur, je vous souhaite de tout mon coeur toute sorte de bonheur, & une parfaite santé. A la Haie le 12. Novembre 1647.

J. VICQUEFORT.

LET-

LETTRE XC.

De M. J. Vicquefort a M. G. Barlée.

MONSIEUR,

J'ai lu avec beaucoup de plaisir les tres élégans vers que vous avez faits sur les nuées, avec un esprit nullement agité & offusqué de nüages, mais tout-à-fait tranquille & rassis. Je suis fort aise de voir par là non seulement que vous vous portez bien, mais encore que les Muses sont rentrées en grace avec vous. Apres avoir sacrifié à Apollon, vous devez aussi immoler un Coq à Esculape. Si vous voulez le faire avec nous, vous serez le tres bien venu, & nous vous recevrons comme un hôte tres agréable. S'il vous est resté quelque nuage ou quelque noir brouillard dans l'esprit, nous aurons soin de le dissiper par la rosée du Pere Bacchus, & par les agréables entretiens avec nos amis. Adieu, Monsieur, je vous salue, vous & toute votre famille. A la Haie le 20. Decembre 1647.

J. VICQUEFORT.

LETTRE XCI.

De M. J. Vicquefort a M. G. Barlee.

MONSIEUR,

Ce que vous m'avez écrit dans votre tres belle lettre, a été aussi lû en ma présence par notre ami Grafwinkelius. La lecture nous a été à tous deux fort agréable, & encore plus celle des vers composés par des personnes de l'un & de l'autre sexe. Tesselle quoique malade & travaillée de la fievre fait voir par ses vers que son esprit n'est pas affoibli, & que sa veine n'est pas tout-à-fait épuisée. Je souhaite fort de voir ce que M. de Zulichem répondra, non seulement aux crimes que lui fait Madame la Baillie, mais encore aux paroles picquantes d'un lâche & indigne habitant de ce Païs, contre vous, & contre M. Huygens. Si vous jugez que cette satyre mérite que vous y répondiez, ou que vous la réfutiez, faites-moi part, je vous prie, de la belle réponse que vous y ferez. L'Illustre M. de Beringam m'a écrit que son Eminence M. le Cardinal avoit trouvé vos vers fort beaux, & qu'il faisoit beaucoup de

cas

cas de leur Auteur. Que j'aurois de joie si vous pouviez obtenir de votre Muse quelque chose qui contribuât à la gloire & à l'honneur d'un si grand Personnage. J'attens avec impatience votre Poëme sur le retour du Comte Maurice. Notre ami Grosic est allé dans la Frise Orientale, pour terminer le différend que nous avons avec le Comte de ce Païs-là. Il y a maintenant quatre Députés des Etats Généraux des Provinces Unies, qui sont prets à partir pour se rendre aussi dans la Comté de Frise, afin d'y faire les fonctions d'arbitres. Il seroit à propos pour la République, & même pour la cause commune, que l'on pût trouver quelque voie d'accommadement à cette affaire, pendant que le Duc d'Anjou pousse ses progrés sur les bords du Rhin. Car aprés que cette affaire sera terminée, les troupes de Hesse décamperont aussi tôt, pour pouvoir faire en deça de ce fleuve quelque diversion des troupes auxiliaires de l'Empereur. Pour ce qui est de ce qui se passe au Camp de notre armée devant le Sas de Gand, vous le verrez dans la page ci-jointe. Plusieurs esperent que la place se rendra dans peu. Je ne sçai que croire du siége de Philipsbourg, parce que l'expédition est fort difficile, non seulement à cause que la place est tres forte, & tres bien munie de toutes les choses nécessaires pour soutenir un siége, mais aussi parce qu'il y a disette de fourrage & de provisions aux environs. Outre cela le Duc de Baviere & même les Espagnols n'oublieront rien pour secourir cette place. Votre fille Anne n'a pas cru que vous seriez fâché qu'elle demeurât quelque tems ici, puisque vous n'avez point fait de réponse à la lettre qu'elle vous avoit écrite. A présent elle pense tout de bon à s'en retourner, & elle partiroit même dés à présent sans plus tarder, si les prieres de ses hôtes qui souhaitent qu'elle assiste à des festins solemnels & magnifiques, ne lui faisoient remettre son départ à Mercredi ou à Jeudi prochain; elle espere alors avoir la compagnie du fils & de la fille de M. de Stryen jusqu'à Leide. Adieu, Monsieur & tres cher Ami; vos cousins, M. de Graswinkel, ma femme & moi, nous vous saluons tres humblement. A la Haie.

J. VICQUEFORT.

LET-

LETTRE XCII.

De M. J. Vicquefort a M. G. Barlée.

MONSIEUR & tres cher Ami,

Je vous envoïe l'Apologie de M. de Zulichem; il l'a dédiée au tres Noble Hoofd, mais elle ne vous regarde pas moins que ce dernier Seigneur. L'Auteur de cette piece marque qu'il a fait le Péripateticien, & qu'il ne s'est assis qu'apres avoir achevé ses vers; ce qu'il faut peut-être attribuer au juste ressentiment qu'il avoit, & à la passion de se venger des crimes que lui faisoient tant d'accusateurs. Il se trompe en une chose; c'est en ce qu'il regarde comme un tres grand plaisir pour lui, d'adoucir par un baiser les plaintes & le ressentiment de Madame la Baillie touchant le tort qu'il lui a fait; jamais elle ne le recevra qu'avec un dédain de la bouche, & seulement en présentant la partie du visage qui est du côté de l'oreille. Les Courtisans n'aiment pas non plus que vous, Monsieur & tres cher Ami, ces manieres de saluer; principalement ceux qui s'attachent plus à conserver les propres noms de chaque chose, qu'à introduire des airs de modestie à la maniere des Stöiciens, & pleins d'affectation. M. de Zulichem ne m'écrit rien touchant le Sas de Gand, sinon que la garnison de cette Forteresse est composée de dixneuf Compagnies de soldats. Il me mande que les ordres du Roi d'Espagne doivent être ouverts à Dendermonde en présence de Picolomini, & du Marquis de Castel Rodrigo, apres quoi Francisco de Melo partira: il marque aussi que les François persistent dans le dessein de fortifier l'Abbaïe de S. Vast, & qu'ils ont destiné un fond de six cens mille livres pour la construction des ouvrages qu'ils veulent y faire. Ce lieu passe pour être si important à cause de la commodité de sa situation, que les ennemis en pouront être autant incommodés que de S. Omer, ou de Gravelines. Mais que pensez vous, mon cher Barlée, des exploits & des avantages des François en Allemagne? Demeurer maitres du champ de bataille, apres un combat de trois jours contre les ennemis; réduire à son obéïssance en un mois de tems des Villes tres grandes: ce sont des actions qui obscurcissent & cel-

les

les des Anciens & celles de notre siécle. Ne croïez vous pas que les affaires des Espagnols sont réduites à un point, qu'ils devroient plus tôt rechercher la paix à quelque condition que ce fût, que de risquer toute leur fortune sur le sort incertain de la guerre. S'ils sont une fois chassés de Frankendal, je ne crois pas qu'ils reprennent jamais rien en Allemagne. C'est peut-être pour cette raison qu'ils prennent tous les soins possibles pour fortifier Tréves, & il y a déja quelque tems que M. Vander Burch m'écrivit de Liege que le Duc de Lorraine s'avançoit avec ses troupes vers la Moselle, à dessein ou d'y prendre des quartiers d'hiver, ou d'aller secourir les Espagnols qui étoient fort pressés. Quelle belle occasion de bien faire & de se signaler n'auroient pas nos troupes, si elles n'étoient pas retenues dans la Frise Orientale par des différends qui sont survenus à contre-tems. Le tres Noble Grosic m'écrivit il n'y a pas long tems que les Députés de leurs H. Puissances étoient arrivés à Embden, & qu'ils étoient d'avis, que du consentement des deux partis on convînt du lieu & du tems de la Conférence qui se devoit tenir. Nous verrons au reste ce qu'il faudra espérer de cet accommodement. J'ai été fort touché du deuil & de la tristesse du tres Noble Schonckius. Je suis invité à l'enterrement, auquel j'assisterai volontiers & avec raison; à moins que les lettres de France n'apportent quelque chose qui m'en empêche; ce que j'aurai soin de faire sçavoir à M. Schonckius. Adieu, Monsieur & tres cher Ami; aimez toûjours celui qui vous aime parfaitement. Je suis

Monsieur,

A la Haie....

Votre....

J. VICQUEFORT.

EPI-

EPITRE DEDICATOIRE
DE
M. GASPAR BARLEE,
Sur le Livre de ses Oraisons.

Au tres Noble, tres Illustre, & tres prudent Personnage JOACHIM VICQUEFORT, Chevalier de l'Ordre de S. Michel, Conseiller de son Altesse Sérénissime Madame la Landgrave de Hesse, &c.

Nous parlons nous autres Mortels, tres Illustre Vicquefort, ce qui n'a été accordé ni aux Anges, ni aux bêtes. Non aux Anges, parce qu'ils n'ont pas besoin d'aprendre par des regles & verbalement ce qu'ils connoissent par leur nature. Non aux bêtes, parce qu'elles manquent de raison, de laquelle la parole est l'Interprete. Nous ne parlons pas seulement, mais un chacun de nous aime à parler pour persuader; c'est pour cela qu'on emploïe l'art, afin d'obtenir, comme par un certain agrément de la parole, ce qu'on souhaite & ce qu'on poursuit avec ardeur. L'enfance qui a besoin de secours & de soulagement, accommodant ses paroles avec ses pleurs surmonte la colere même d'une marâtre, & obtient d'elle quelque chose pour manger. Les amans par leurs douces paroles & par leurs gestes flatteurs viennent a bout de la fermeté de leurs maîtresses. Un homme en colere parle avec force & avec véhémence, afin d'épouvanter : celui qui craint parle bas & d'une voix tremblante, pour se tirer du péril: les personnes tristes parlent d'un ton foible & sans force, afin que nous leur portions de la compassion: celles qui sont dans la joie sont honnêtes & gaies, afin de divertir. C'est ainsi que chacun est à soi-même Rhétoricien & Orateur, & qu'il imagine l'expression qu'il sçait être la plus propre pour persuader & toucher les autres. Bien plus la passion, & le violent désir qu'on a de quelque chose, dictent à chacun, même aux plus ignorans, des figures de Rhétorique & des manieres de s'exprimer. Medée qui, à ce que je crois, ne sçavoit pas la Rhétorique, fait une Epizeuxe en souhaitant passionnément une certaine chose: Fais, fais, dit-

dit-elle que je ſois portée dans l'air dans le Char de mon Pere. Didon en colere & plus émûe fait une Antitheſe : ſi je ne puis, dit-elle, fléchir les Dieux du Ciel, je remuerai & je ferai ſoulever les Enfers. Penelope affligée de l'abſence de ſon Epoux, forme un voeu pour ſon retour : Plût à Dieu, dit-elle, que lorſqu'il s'en alla à Lacedemone, &c. dans Virgile la colere fait faire à des Bergers tantôt une Apoſiopéſe, comme en ces paroles : nous ſçavons qui vous étes, &c. tantôt une interrogation oblique & & détournée pour mieux perſuader de leur affection, par éxemple dans ces paroles : Ne vous ai-je pas vu, méchant que vous étes, tendre des piéges au chevreau de Damon. De ſorte qu'il n'eſt pas néceſſaire d'aller chercher des régles de Rhétorique dans Hermagore, dans Molon, ou chez les Siciliens, puiſque l'impétuoſité de l'eſprit, & la paſſion en dictent à chacun de nous. Que s'il eſt ainſi, qu'elle merveille que les Grecs qui étoient un peuple ſubtil & grand amateur de diſputes, aïent eu un ſoin tout particulier de joindre l'Art de bien dire avec celui de la guerre, la beauté du langage avec le casque, la loüange & la gloire de la politesse du discours avec les Couronnes d'Oliviers; sur tout aïant à conquerir des Roïaumes, & à prendre des Villes par le moïen de l'Eloquence, plus tôt que par celui des armes. Quel a été l'Interprete Mercure, autrement Hermes? ç'a été à mon avis un tres habile Orateur, que son éloquence a fait passer pour un Dieu. Quels ont été Nestor, Menelaüs, Ulysse? des Orateurs Grecs dont les paroles avoient une vertu & une force qui entrainoit & qui faisoit tourner les hommes où ils vouloient. Et certainement c'étoient des gens comme eux qu'il falloit envoïer à Troie, puisque les Asiatiques grossiers ne doivent pas être vaincus seulement par des flottes & par le feu, mais encore par des troupes d'Orateurs, & par des figures de Rhétorique. Solon un des principaux Orateurs Atheniens, parla fortement & avec beaucoup de sagesse pour empêcher que Pisistrate ne se rendît maitre de l'autorité supreme, à laquelle il aspiroit. Pisistrate au contraire parla avec beaucoup de douceur & d'une maniere fort touchante, pour adoucir le

peu-

peuple, & s'emparer ensuite de la puissance souveraine. Aristote sçut par son éloquence incroïable, de même que par sa douceur, si bien faire auprès d'Alexandre, que toute la Grece fut obligée de lui donner les moïens de composer l'histoire des Animaux. Demosthene par le discours qu'il fit aux Atheniens empêcha que Philippe n'entrât dans la Gréce; mais s'étant ensuite laissé corrompre par Harpale, il commença d'être sujet à la maladie de l'argent. Les Atticismes de Demades eurent tant de pouvoir sur l'esprit du même Philippe, que ce Prince renvoïa gratis non seulement Demades, mais encore deux mille autres Atheniens qui avoient été faits prisonniers à la bataille de Cheronée. Pendant que la Grèce a été en guerre pour maintenir sa liberté, pour étendre ses limites, pour repousser les Macedoniens & les Perses, ç'a été alors que de tres grands Orateurs se sont rendus célebres; parce que la nécessité de défendre leur Païs, leur imposoit celle de parler d'une maniere éloquente, grave, forte, & subtile. En effêt Athenes n'eut pas plus tôt été prise par Sylla que l'Eloquence de ses Peuples

ples perdit toute ſa force. La gloire des Cecropides étant périë, l'art de bien dire ceſſa auſſi tôt; la grandeur, l'éclat, & l'impétuoſité du Sceptre & de la langue, des armes & des Orateurs, étant venuës à manquer en même tems. Les Romains ont apris des Grecs à parler plus éloquemment, ſoit qu'ils euſſent à exciter leurs Citoïens à la guerre, ſoit qu'ils euſſent à empêcher des ſéditions, ſoit qu'ils euſſent à chaſſer de leur Ville un Chef de Conjurés, ſoit qu'ils euſſent à rendre mépriſable quelque Triumvir futur, ſoit enfin qu'ils euſſent à aſſûrer la conſervation de la République, ou à perſuader quelqu'autre choſe qui regardât ſon bien & ſon avantage. Alors la réputation de C. Cethegus, de Caton le Cenſeur, du jeune Scipion l'Africain, de Lelius, & de Servius Galba, devint tres célebre. Quelques uns d'entr'eux s'étant rendus conſidérables par leur facilité à s'exprimer, les autres par l'élévation de leur diſcours, les autres par l'élégance de leurs paroles, les autres enfin par la douceur de leur prononciation, ſemblable à celle des Grecs. Apres eux vinrent le Dictateur Céſar, &

Cice-

Ciceron que Brutus à la vérité traite d'Auteur peu lié & sans force, & que Calvus dit être fade & languissant, mais que plusieurs de ce tems-là, aussi bien que tous les siécles suivans, regardent comme le premier & le plus éloquent des Orateurs Romains. Tous ces grands personnages se sont étudiés à instruire, à plaire, & à toucher. A la verité ils n'ont pas tous également rempli ces trois choses; mais comme chacun d'eux n'a pas eu seul toute la loüange & toute la gloire, il n'y en a aussi eu aucun parmi eux qui n'ait mérité beaucoup d'estime, & beaucoup d'approbation. Ce n'est pas qu'apres Tullius Symmaque, l'Empire Romain baissant de plus en plus, les Empereurs & la Noblesse ont combattu & harangué avec moins de gloire; cela fait que je doute si c'est le succés des armes qui a élevé l'éloquence, ou si c'est l'éloquence qui a le plus élevé l'audace & la confiance des armes. Ce qu'il y a de certain est que dans tous les siécles parmi les peuples sçavans, les Orateurs ont, au milieu des fureurs de la guerre & du bruit des trompettes, déclamé avec le plus de force & de chaleur pour leur patrie, soit qu'il fût ques-

question d'exciter à la guerre contre l'ennemi, ou qu'il s'agît de triompher de lui.

Dans le siécle où nous vivons, tres Illustre Vicquefort, nous parlons aussi nous autres mortels, & c'est pour persuader que nous prenons le soin de parler. Les guerres de notre Patrie n'empêchent pas que nous ne parlions en toute sûreté. Mais comme les enfans, qui ne font encore que bégaïer, imitent les paroles & la prononciation de leurs Peres & de leurs Meres, de même nous sommes en parlant en public les imitateurs des Grecs & des Romains, & seulement les ombres, les avortons, & les phantômes de l'ancienne éloquence. Lorsque nous paroissons polis & éloquens à quelques uns, nous parlons beaucoup & même trop, nos paroles étant sans force & languissantes. Lors que nous affectons d'être subtils, nous avilissons les plus grandes choses par des sentences basses & désagréables, & nous ne donnons que la fumée de la lumiere de l'Antiquité. Nous ne devons pas néanmoins à cause de cela demeurer dans le silence à l'égard de la postérité, mais nous devons parler, afin que la rouille du vice n'occupe & ne gâte pas notre

lan-

langue, ou que nous ne soïons pas mis au nombre des silentiaires. Cette obligation regarde encore plus particuliérement les Professeurs qui aiment mieux passer pour des gens sans éloquence que de ne point parler, sur tout parce que nous pouvons avoir les mêmes raisons de parler qu'ont eu les Anciens; comme la haine de nos ennemis, la gloire de la victoire & des avantages qu'on remporte sur eux, le bonheur des Princes, ler plâisirs honnêtes de la vie, & l'éxagération de quelque chose imaginaire ou surprenante. Pour moi qui suis entre les tristes chaires des Philosophes, & qui parle des ingénieuses rêveries de Thomas, de Scot, de Cajetan, & d'autres, sans me servir d'Atticismes, ni des agrémens de l'éloquence Romaine, j'ai souvent envie de reprendre mes anciennes études des belles Lettres, de quitter le langage grossier des Professeurs, & de me servir d'expressions différentes de celles dont les Philosophes se servent ordinairement dans leurs Ecoles. Je souhaiterois aussi que les mots de l'ancien Latium, restassent en cette Ville, où l'on entend tous les jours le langage barbare des

des Perses, des Arabes, des Afriquains, & des Moscovites. De là vient que quand j'ai parlé en public, je ne l'ai pas fait sans avoir choisi mes sujets. D'abord que je fus dans cette Ville Métropole, tres célebre dans tout l'Univers par son Commerce, ce qui arriva il y a douze ans, je fis à l'ouverture de nos Ecoles un discours que j'intitulai, le sage Marchand, pour aprendre aux Marchands à trafiquer avec prudence & selon les regles séveres des Stöiciens. Ensuite des Personnes tres considérables, & des Politiques avec qui j'étois, étant venus à parler de Machiavel, & quelques uns d'entre eux jugeant trop favorablement de ce dangereux Ecrivain, j'ai fait le discours du bon Prince, & j'ai montré que Machiavel ne parle pas de la maniere ordinaire de vivre des Princes, mais de ce qu'un Prince doit faire; & qu'il ne parloit pas comme un historien qui rapporte simplement quelque fait, mais comme un Maitre qui instruit, & comme une personne qui donne un conseil. Outre cela comme la variation des sujets des Orateurs donne du plaisir, j'ai parlé tantôt de l'Etre de Raison, & tantôt de l'Etre Réel, & j'ai

trai-

traité l'un & l'autre d'une maniere qui n'auroit pas fait rider le front à Caton, ni lever les sourcils à un Auditeur délicat & difficile à contenter. Les hommes, mon cher Vicquefort, sont faits d'une maniere qu'ils aiment les choses surprenantes, & ont de la vénération pour tout ce qui est merveilleux. C'est pour cette raison que lorsque j'ai parlé de l'ame, & des merveilles du Ciel, j'ai eu soin de ne pas dire toûjours des choses communes, de crainte d'avoir des Auditeurs qui s'endormissent. Vous n'ignorez pas que les Hollandois vivent entre les tambours & les trompettes, entre les Flottes & les Signaux de combat; & qu'apres s'être rendus célebres par leurs victoires sur Terre & sur Mer, ils traversent par de continuelles guerres la fortune redoutable des Espagnols. Ces choses m'aïant donné du courage, je ne me suis pas contenté de faire des discours propres à persuader, mais je me suis mis à faire des Panegyriques, & j'ai fait l'Eloge des Princes d'Orange, les Peres des Provinces Unies. J'ai fait aussi celui de notre tres florissante République, qui apres avoir établi la paix chez elle, banni la tirannie

nie de son Païs, domté l'Orient, ruiné les forces de l'Occident, a rempli tout l'Univers de la gloire de son nom & de ses exploits. Enfin comme l'Eloquence n'est nullement incompatible avec les choses divines, et que les beaux exemples de ces grandes lumieres de la primitive Eglise, Basile, Chrysostome, Ambroise Jerome, & d'autres tres éloquens Ecrivains Grecs & Latins en font autant de preuves évidentes, j'ai tâché de parler plus au long & d'une maniere plus élégante, de la Crêche, & de la Croix de Jesus Christ notre Sauveur, afin que nous ne passions pas pour des ingrats envers celui qui est l'Auteur de toute Eloquence.

Plusieurs raisons, Monsieur, m'engagent à vous dédier ce petit Livre des Oraisons que j'ai composées. La premiere est, que vous vous étes appliqué dés votre jeunesse aux études qui nous forment aux belles lettres & à l'élégance, & que vous déploïez votre éloquence, non à la vérité dans les Ecoles, mais dans les Cours, & en présence des Princes & de ceux qui gouvernent les Peuples. La seconde raison est que vous m'avez si souvent entendu parler sur ce sujet,

jet, que je ſuis maintenant obligé de vous avertir, qu'une Oraiſon qu'on a prononcée en notre préſence fait plus d'effêt qu'une qui aura été ſimplement miſe par écrit; puiſque l'action de celui qui parle donne à la premiere plus de feu & de vivacité, & la rend plus animée & plus élevée tout enſemble; au lieu que la ſeconde qui eſt deſtituée de toute action perd ſa force quand on l'a lûe. La troiſiéme raiſon eſt l'amitié que j'ai toujours entretenue avec vous depuis que je ſuis en cette Ville. Je confeſſe ingénûment que cette ville a pluſieurs belles choſes qui me touchent fort, & qui me donnent ſouvent beaucoup de plaiſir; comme l'aſpect ſi agréable de tant de maiſons; les forces prodigieuſes de Mars, le grand nombre de vaiſſeaux, & les Arcenaux; la quantité, l'honnêteté, & l'adreſſe de ſes Marchands; les moeurs, la langue, & l'air différent des Etrangers qui y viennent, même du nouveau monde; les Magazins des particuliers, où l'on tient les dépouilles de l'Air, de la Terre, & de l'Eau; les Egliſes, les Clochers, les Tours, & les hauts Phares quon y voit çà & là. Mais tou-

tes

tes ces choſes ne font que divertir la vûe, & attirer nos regards. Pour moi je leur ai toûjours préféré la douce & agréable converſation avec quelques uns de mes amis. C'eſt elle qui me tient lieu de voiture à la Campagne, de délices dans la ville, de Nectar dans les feſtins, de conſolation dans les funérailles, de Syrenes dans les bateaux & ſur l'Eau, de Tableaux & de peintures dans les Allées & dans les Galleries. Entre ces amis, Monſieur, vous ne doutez point que vous & votre famille, vous n'aïez tenu le premier rang, malgré même la jalouſie de ceux qui vous aiment tendrement vous & moi : car pendant que je poſſédois toute votre amitié, vous ne pouviez pas en avoir autant pour d'autres. Pour vous dire la vérité j'ai toûjours admiré en votre perſonne ces grandes vertus, l'érudition, l'étude & l'amour de l'Antiquité Grecque & Romaine, l'honnêteté, la ſincérité, & la fidélité, qui ſont comme autant de fers & de liens qui m'ont ſi fort attaché à vous que je ne ſçaurois maintenant en être ſéparé que par la mort. Et comme vous vous étes fait connoitre dans les Païs les

plus

plus éloignés, & que vous vous y rendez encore tous les jours de plus en plus illustre par vos lettres, & par les services que vous avez rendus tant au Public qu'aux particuliers ; vous m'avez aussi porté çà & là dans les Cours, comme une lettre sans adresse certaine, & vous m'avez procuré la faveur de personnes qui ne se seroient peut-être pas fait un scrupule de me vouloir du mal. C'est ce que j'ai souvent fait sçavoir à d'autres, & ce que je témoigne encore publiquement par l'inscription de votre nom, que j'ai mis à la tête de ce petit livre, qui est comme un gage de l'amitié que j'ai entretenue jusqu'à présent avec vous, & qui augmente continuellement. Dieu veuille qu'elle soit éternelle, & que vous & tous ceux qui vous appartiennent, vous joüissiez toûjours ici bas d'une parfaite santé, & soiez en l'autre monde éternellement hûreux. C'est ce que vous souhaite,

Monsieur,

Votre tres humble & tres obéissant Serviteur.

G. BARLEE.

A Amsterdam le 20, Juin 1643.

F I N.

CATALOGUE
DES
LIVRES FRANCOIS,

Qui se trouvent dans la boutique de

G BROEDELET

Marchand Libraire.

L'Atlas Historique ou Introduction à L'Histoire, & à la Chronologie ancienne & nouvelle 3 vol. fol. avec des Cartes.

L'Ambassadeur & ses fonctions par Wicqueford. 4.

Avantures de Thelemaque. 12.

Alaric ou Rome vaincuë. 12.

L'Art de L'Homme d'Epée. 12.

- - de Bien parler François 2 vol. 12.

Amours des Dames illustres 12.

Les Apothegmes des Anciens. 12.

L'Année Chretienne. 12. compl.

Bible Des Marets 2 vol. fol. pap. Imper. & Royal.

- - de Messrs du port Royal. fol. 3 vol.

- - Idem. 12. 39 vol.}

- - de Sacy. 7 vol. 12.

Bi-

CATALOGUS.

Bible Françoise. fol à Amsterd.

Bibliotheque Critique par Simon 4 vol. 12.

Berger Fidele Franç. & Ital. 12.

Basnage L'Histoire de l'Eglise fol. compl.

- - Morale Théologique & Politique 2 Vol. 8.

Clerc Geometrie. 8.

Contes de la Reine de Navarre. 2 vol. 8. avec fig.

- - de Bocace 2 vol. 8.

- - de Pogge Florentin. 12.

Caracteres de Theophraste. 12.

Curce de Vaugelas. 8.

Dictionaire de l'Académie Françoise. 4 vol. fol. à Paris.

- - de Danet François Latin, & Latin François. 2 vol. 4.

- - du Voiageur. 8.

- - de Richelet. 4.

- - le Même. fol.

- - - - - - 4. Nouvelle Edition augmentée.

- - de Veneroni. 4. a Paris.

- - Espagnola y Francesa. 4.

- - Italien François. & François Ital. & Latin Ital. 3 vol. 8.

CATALOGUS.

Dictionaire Italiano Thedesco, e Thedesco Italiano de Castelli. 4.

- - Geographique de Baudrand. 4.

- - Franç. Flamand & Flamend François par Halma. 2 vol. 4.

La Dixme Roiale de Vauban. 12.

Les Délices d'Italie 6 vol. 12. avec fig.

- - d'Espagne & de Portugal. 5 vol. 12. avec fig.

- - de France. 2 vol. 12. avec fig.

- - de la Grande Bretagne 9 vol. 12. avec fig.

- - de la ville de Leide. 8. avec fig.

- - de Pais-Bas. 12.

- - de Champagne aux environ Leide.

Description de l'Isle de Macaçar 8.

Don Quichotte ses avantures. 5 Vol. 12. Compl.

L'Espion Turc dans les Cours d'Europe. 12. compl.

Etat de Tunis, Tripoli & Algers. 12.

Essais de morale avec la Continuation 12. compl.

l'Etat présent de l'Angleterre. 12.

Felibien la vie des Peintres & Architectes 12. compl.

Fortification de Vauban. 8.

Gro-

Grotius le Droit de la nature & des gens. 3 vol. 12.

Geographie de Sanson. 4.

Grammaire French & Engl. 8.

- - Espagn. & Franc. 8.

- - Françoise. 12.

Gassendi Philosophie d'Epicure. 12. compl

l'Homere 3 vol. 12.

- - de Madame Dacier 3 vol. 12.

Horace de Tartaron 2 vol. 12.

- - de Dacier 10 vol. 12. Nouv. Edit.

Harangues des anciens Grecs & Latins. 2 vol. 12.

Histoire de Jean Hus & Jeron. de Prague 12.

- - des Juifs par Basnage. 12. compl.

- - - - le Même. fol.

- - de Louis le Grand par Médailles fol.

- - de Gregoire le grand. 4.

- - de Charles VI. par Laboureur. fol.

- - du Monde par Chevreau. 2 vol. 4. Paris.

- - della Conquista du Mexico. fol. avec fig.

- - de la conqueste du Mexique. 12.

- - de l'Eglise, par Godeau. 12. compl.

- - - - - par Sueur. 12. compl.

Histoire d'Angleterre par Larrey. fol.
- - de la ligue de Cambrai. 12.
- - du Cardinal Ximenes. 12.
- - du Cardinal Portecarero. 12.
- - des Ducs de Bourgogne. 12.
- - - - de Savoie. 12.

Histoire de la Réformation d'Angleterre par Burnet. 12. à Genev. & à Amst.
- - de l'Eglise Greque par Ricaud. 12.
- - des amours d'Eloise & d'Abelard. 12.
- - Métallique de la Hollande. 8. compl. avec fig. 3 vol.
- - Galante de la Duchesse de Chatillon. 12.

Hieron, ou Portrait des Rois Grec. & Franc. 8.

Imitation de Jesus Christ par Bellegarde. 2 vol. 12.
- - - - - - par du Beuil. 12.
- - - - - - par Corneille. 12.

Lettres du Cardinal d'Ossat. 5 vol. 12.
- - de Bentivoglio. 12.
- - de Lorredano. 12.
- - de Rabutin. 12. compl.
- - de Vaumoriere. 2 vol. 12.
- - touchand l'Etat d'Italie. 12.
- - Historiques & galantes par Madame du Noyer. compl. & separé. 12.

La-

Lamy Eléments de Mathématique. 12.
Lucien de la traduction de Perrot d'Ablancourt. 2 vol. 12.
- - en belle humeur. 2 vol. 12.
- - d'Estrades, d'Avaux, & Colbert. 3 vol. 12.
Loc de l'Entendement Humain. 4.
- - L'Education des Enfants. 8.
- - Oeuvres Posthumes. 12.
Mezeray Abregé de l'Histoire de France 6 vol. 12.
Mémoires de Rabutin. 3 vol. 12.
- - de Comines. 3 vol. 8.
- - & Négotiations Secretes touchand la paix de Munster. 4 vol. 8.
- - de la paix de Nimegue avec la continuation. 12. compl.
- - de Ryswyck avec la Continuation 12. compl.
- - de Jean de With. 12.
- - des guerres d'Italie. 2 vol. 12.
- - de Ludlou. 2 vol. 12.
- - de Mr. L. D. D. R. 12.
- - d'Ablancourt. 12.
- - d'Aubery. 12.
- - de la Marquise du Fresne. 12.
- - de Madame du Noyer 12. compl. & separé.

CATALOGUS.

Memoires de la Comtesse D.... 12.
- - de Brantome. 2 vol. 12.
- - d'Artagnan. 12. 3 vol.

Morale de Tacite par Amelot de la Houssaie. 8.

Monuments Autentiques de l'Eglise Greque. 4

Mallet Traveaux de Mars. 3 vol. 8. avec fig.
- - Geometrie Practique 3 vol. 8. avec fig.

Mercure galant compl. & separé. 12.

Nicole œuvres diverses compl. & separé. 12.

Nouvelles avantures de Don Quichotte 2 vol. 12.

Oeuvres de Moliere 4 vol. 12.
- - de P. & T. Corneille. 10 vol. 12.
- - de Racine. 2 vol. 12.
- - de Dancourt. 12. compl.
- - de Regnard. 2 vol. 12.
- - de St. Euvremond. 12. compl.
- - de Rabelais. 8. compl.
- - de Boileau. 12.
- - du Pere Rapin. 3 vol. 12.
- - de Cyrano Bergerac. 2 vol. 12.
- - de Benserade. 12.
- - de Chevreau. 12.
- - de Bellegarde. 12. compl. & separé.

Oeu-

Oeuvres de le Noble. 12. comp. & separé.
- - Mathematiques de Pardies. 12.
- - de la Fontaine compl. & la separé. 12.
- - de Lucrece 2 vol. 12. Lat. & Franç.
Opuscules du Cardinal Bellarmin. 12. compl.
Opera di Moliero. 4 vol. 12.
Origine contre Celse. 4.
Les Philippiques de Demosthene 12.
Poiret l'Oeconomie divine. 7 vol. 12.
Philosophie de Regis. 7 vol. 12.
Puffendorf introduction a l'Histoire. 4 vol. 12.
Poësies de Monsr. la Mothe. 2 vol. 12.
- - de Deshoulieres. 8.
Pictet la morale Chretienne. 2 vol. 4.
- - Theologie. 2 vol. 4.
Project d'une nouvelle méchanique. 4. avec fig.
Plaidoiez de Monsr. le Maitre. 4.
Regles des cinq. ordres d'Architecture par Vignole avec fig.
Recueil des harangues de l'Academie 2 vol. 12.
- - des Voiages aux Indes Orientales 12. compl.

CATALOGUS.

Recueil des toutes les opera. 12. 11 vol.
- - des Poëtes François 5 vol. 12.
- - des traitez depuis la paix de Munster jusqu'à l'année 1709. par du Mont. 2 vol. 12.

Satyre Menippée. 3 vol. 8.

Strada de la Guerre de Flandre par du Reyer 3 vol. 12. avec fig.

Les soliloques de St. Augustin. 8.

La Science des Médailles. 12.

Sermons de Bourdaloue. 4 vol. 12.
- - - - - - - - sur les mysteres 2 vol. 12.
- - Sur les Fêtes des Saints. 12.
- - de du Bosc. 7 vol. 8.
- - de Mestrezat 2 vol. 8.
- - de Giroust. 3 vol. 8.
- - de Jurieu. 8.
- - de Saurin. 8
- - de Fauscheur. 8.
- - de Martin. 2 vol. 12.

Tilemont Mémoires Ecclesiastiq. compl.
- - L'Histoire des Empereurs. 12. compl.

Temple Oeuvres diverses. compl. & separé. 8.

Testament (Nouv.) à Brussel.
- - - - - - 8. à Londres.

Te-

CATALOGUS.

Teſtament (Nouv.) de Monſr. le Clerc. 4.
- - - - - - 4. vol. 8. à Treveox.
- - - - - - 2 vol. 12. à Mons.
- - - - - - 4 vol. 120. à Bruſſell.

Voyage d'Alep à Jeruſalem. 12.
- - du Chevalier Chardin. 10 vol. 12. avec fig.
- - d'Italie par Miſſon. 3 vol. 12.
- - de Leguat. 2 vol. 12.
- - de Dampier. 12.
- - de Monſr. Tavernier.

Vie de Jean & Corn de With. 2 vol. 12.
- - du Cardinal Richelieu. 2 vol. 12.
- - du Pape Sixte. 5. par Leti. 12.
- - de Charles 5. par Leti. 4 vol. 12.
- - de Colbert. 12.

Le Vaſſor l'Hiſtoire de Louis XIII. Tom. 10. 12.

www.ingramcontent.com/pod-product-compliance
Ingram Content Group UK Ltd.
Pitfield, Milton Keynes, MK11 3LW, UK
UKHW022050260726
13993UKWH00001B/32

9 782019 966010